블루 어바니즘

블루 어바니즘
BLUE URBANISM

초판인쇄 2021년 8월 30일
초판발행 2021년 8월 30일

지은이 티모시 비틀리
옮긴이 박상현 · 전지영 · 백두주 · 정호윤 · 현민
펴낸이 채종준

펴낸곳 한국학술정보(주)
주소 경기도 파주시 회동길 230(문발동)
전화 031 908 3181(대표)
팩스 031 908 3189
홈페이지 http://ebook.kstudy.com
E-mail 출판사업부 publish@kstudy.com
등록 제일산-115호(2000. 6. 19)

ISBN 979-11-6603-471-8 93330

바다와 공존하는 도시 디자인

BLUE

블루 어바니즘

URBANISM

티모시 비틀리 지음

박상현 · 전지영 · 백두주 · 정호윤 · 현민 옮김

이담북스

　우리는 바다의 가장자리에 자리 잡은 도시에 대한 새로운 비전이 필요하다. 모두가 셀 수 없을 만큼 다양한 방식으로 의존하고 있는 우리의 바다는 믿을 수 없을 정도로 스트레스를 받고 있다. 하지만 우리가 해양의 보존과 재생을 위해 도시의 독창성과 자원을 잘 활용한다면, 바다가 겪고 있는 스트레스를 충분히 경감시킬 수 있다. 이것이 바로 이 책이 던지는 주요 메시지이다. 즉, 해양세계와의 본질적 연계를 추구하고, 이를 추진해 나가는데 필요한 윤리적 의무를 인정하는 도시 생활에 대한 새로운 비전이 필요하다는 것이다. 특히 지금은 어업이 거의 붕괴 직전이고, 플라스틱이 빠른 속도로 축적되고 있으며, 더 많은 바닷새와 다른 해양생물들이 위협을 받고 있기 때문에 도시들은 이러한 상황에 대처해야만 한다. 우리가 사는 이 지구는 푸른 행성이지만 도시 행성이기도 하다. 우리는 창조적이고 강력하게 이 영역과 의제를 통합할 필요가 있다.

　해안 도시들이 기후변화와 해수면 상승의 영향을 경험함에 따라, '블루 어바니즘' 이야말로 이러한 부정적 영향들에 적절히 대응하기 위한 하나의 담론으로서의 역할을 할 수 있을 것이다. 우리는 앞으로 다가올 미래에 홍수, 폭풍 혹은 침수나 범람과 같은 위험이 도사리고 있다는 것을 알고 있지만, 이와 동시에 바다가 주는 엄청난 가치와 혜택을 즐길 만한 기쁨 또한 있다는 것도 인식하고 있나. 도시가 성장하고 변화함에 따라 우리의 계획과 프로젝트는 안전성과 복원력을 바탕으로 자연에 대한 접근과 깊은 연계라는 이러한 의제를 통합하기 시작해야 한다.

현재, 자연에 대한 우리의 필요를 수용하고 기후변화에 적응하기 위한 새로운 세대의 도시 계획, 개발 계획, 재생적 해양경관 프로젝트 등이 이미 진행 중이다. 홍수를 견딜 수 있고, 동시에 복원력을 갖출 수 있도록 설계된 공원들, 떠다니거나 주기적으로 옮겨질 수 있는 건물들, 수질과 해양생물의 다양성을 복원하기 위한 맹그로브와 굴 양식장의 복원 프로젝트 등이 그 예라고 할 수 있다. 그리고 해양세계의 엄청난 아름다움과 기쁨에 공정하고 공평하게 접근하기 위해 노력하는 도시는 필자가 2018년에 언급한 것처럼 '정의로운 푸른 도시Just Blue Cities'라는 개념으로 설명될 수 있다.[1] 우리는 바다의 미래에 대해 낙관적이고 희망적일 필요가 있지만, 때로는 신속한 움직임을 취해야 할 때도 있다.

비록 오늘날에 대부분 무시되고 있긴 하지만, 블루 어바니즘의 핵심적 의무는 해양이라는 영역이 얼마나 필수적이고 일차적인지를 인정하면서, 도시 주변의 공간을 완전히 새로운 방식으로 이해하고 바라보아야 한다는 것이다. 우리가 직면하는 주요 장애물 중 하나는 도처에 해양세계가 가까이 있지만, 해양과 우리 사이의 성신적 단절이다. 오늘날 해양은 중요성의 결여, 혹은 텅 빈 공허로 간주되고 있다. 하지만 이곳은 야생과 경외의 장소이며, 산 정상이나 초원, 개울만큼이나 우리 거처의 일부이기도 하다. 도시 바다 경관은 육지 경관만큼이나 중요하게 여겨져야 한다. 우리는 도시경관을 단지 해양을 포함한 것이 아니라 도시 생활 전체를 연결하고 지탱하는 액체 상태의 조직인 중심부로 보기 시작해야 한다.

　인간으로서 우리는 이 신비로운 세계의 일부 여백만을 차지하고 경험하고 있다. 우리의 현대 생활에서 바다 풍경과 해안선의 정서적인 중요성을 과장하기는 어렵지만, 우리는 그 중요성을 완전히 깨닫고 있지 않은 듯하다. 바다는 우리가 COVID-19라는 세계적인 감염병으로 어려움을 겪고 있을 때, 사람들이 몰려들어 위안을 얻으려고 했던 공간이다. 휴식, 고요함, 시각적인 아름다움을 제공하는 바다는 종종 중요한 삶의 현장이기도 하다. 『푸른 정신Blue Mind』의 저자 니콜스J. Nichols는 물과 해양의 가장자리가 얼마나 인간의 삶과 밀접하게 연계되어 있는지 지적한다. 그는 해변, 그리고 해안선을 다음과 같이 묘사한다. "로맨스의 배경 뿐만 아니라 혁신적 아이디어에 이르기까지 우리의 생각을 더 명확하게 들을 수 있게 해준다. 그것은 위로, 평화, 자유의 원천이다. 그곳은 우리가 슬퍼하고 애도하기 위해 가는 장소이기도 하다. 해변은 우리 삶 모든 부분의 배경이다. 나는 물이 우리에게 생명을 주고 삶을 가능하게 한다고 말하고 싶다. 그것은 또한 삶을 살 만한 가치가 있게 만든다."[2]

　또 다른 핵심 과제는 우리가 직면하고 있는 해양문제에 대응하는 '푸른 경제Blue economic'를 개발하는 것인데, 이는 일자리와 소득을 지원하는 경제로, 고갈이나 파괴에서 비롯된 것이 아니라 복원과 재생으로부터 창출된 경제이다. 건강한 음식, 재생 에너지, 해양생물의 진가와 즐거움을 중심으로 형성된 경제는 모두 필요하고 상상할 수 있다. 지역사회지원어업(CSF)과 같은 지속 가능한 해산물에 대한 새로운 접근방식을 포함한 몇몇 아이디어와 새로운 관행이 여기에 포함되지만, 도시는 더 많은, 새롭고 지속 가능한 해양 기업의 보육센터가 될 수 있다. 역사학자 월러스 스테그너(그는 미국 서부를 지칭하였음)의 말을 바꿔 말하면, 우리는 바다의 경이로움과 마법, 그리고 아름다움에 어울리는 사회·경제·정치 체계가 필요하다.[3]

건강한 바다를 지원하기 위해 도시가 할 수 있는 일은 훨씬 더 많다. 지도자들과 시민들 모두 바다를 옹호하고, 더 많은 해양보호구역을 요구하고, 무분별한 해양 확산을 줄이기 위해 일하고, 해양 생태계를 훼손하는 오염 물질과 플라스틱과 다른 폐기물에 대한 새로운 제한을 옹호할 수 있다. 블루 어바니즘은 도시가 해양 보존을 지원하기 위한 집단행동에 동참할 것을 촉구한다. 우리는 건강한 바다에 대한 야심 찬 목표를 모든 해안 도시의 의제와 목표물에 포함할 수 있다. 예를 들어 지구의 절반을 자연을 위해 남겨두고, 약 30%를 해안 도시 의제 달성을 위한 현실적인 중간 목표로 삼는 것을 생각해 볼 수 있을 것이다.[4] 그중 일부는 새로운 도시·해양보존지역으로서 도시가 있는 곳 근처에서 발생할 수 있지만, 나머지 대부분은 도시의 도움과 지원을 통해 보다 더 먼 곳에서 일어나야 할 것이다. 도시는 엄청난 경제력과 정치적 영향력을 가지고 있고 그들은 그것을 바다를 위해 사용하기 시작해야 한다.

이러한 인식들은 우리가 열심히 노력하면 바뀔 수 있다. 이것은 바다와 새로운 감정적 관계를 형성하기 위한 다양한 노력을 필요로 할 것이다. 우리는 바다가 얼마나 야생적이고 경이로운지, 얼마나 독특하고 다양한 생물을 보유하고 있는지를 강조해야 한다. 우리는 수도관 아래

(그리고 위)에서 발견된 놀라운 생명체를 볼 수 있도록 계획 지도를 조정할 수 있다. 그것은 공허함과는 정반대이고 우리는 이 해양 자연을 자랑스러워하고 깊이 궁금해 해야 한다.

도시가 거주자들이 주변의 해양세계와 사랑에 빠지는 것을 도울 수 있을까? 주민들이 수면 바로 아래에 있는 것을 상상하도록 돕고, 물에 더 쉽게 도달할 수 있도록 하고, 지속적인 호기심과 궁극적으로 그곳의 자연에 대한 사랑을 키우는 것이 도시의 임무라고 믿는다. 미국 시인 메리 올리버Mary Oliver가 말했듯이, "관심은 헌신의 시작이다."[5] 해안 도시들은 관심을 끌고 적어도 도시 생활의 초점을 해양 방향으로 이끌 수 있는 독특한 기회를 가지고 있다.

우리는 지상 거주자들에게 이 해양세계를 직접 경험할 수 있는 많은 기회를 제공하는 도시가 필요하다. 해양생태학은 모든 해안 지역, 실제로 내륙 도시를 포함한 모든 도시에서 커리큘럼의 필수 부분이 되어야 하며, 마이애미, 플로리다 및 뉴질랜드 웰링턴 뿐만 아니라 다른 곳에서 모든 아이들은 그들 주변의 푸른 세계의 풍요로운 삶에 대해 직접 배우고 경험해야 한다는 믿음이 커지고 있다. 다큐멘터리 영화 '해양도시Ocean Cities'를 촬영할 때 나는 마이애미-데이드Miami-Dade 5학년 학생 그룹이 애틀랜타 해양으로 걸어 들어갈 때, 그들이 어떤 해양생물을 찾을 수 있는지 보기 위해 그물과 몇 가지 설명할 것들을 가지고 그들을 따라갔다.[6] 마조리스톤맨더글래스자연센터Marjory Stoneman Douglas nature center 의 자연주의자들에 의해 안내되었던 그 학생들과 그 근처의 걱정스러운 부모들에게는 이러한 경험이 그들 대부분에게 완전히 새롭고 변혁적인 것이었으며 꿈도 꾸지 못했던 도시의 마법과도 같은 것이었다.

여러분들이 읽게 될 이 책은 푸른 도시에 대한 의제를 마련하기 위한 첫 번째 시도이다. 나는 모든 독자들이 해양세계를 옹호하고, 여러분이 할 수 있는 한 많은 아이디어들을 실행에 옮기고, 바다와 해양세계의 가시성과 중요성을 높일 수 있는 새롭고 창의적인 방법, 특히 도시에서 여러분이 할 수 있는 모든 것을 하도록 촉구할 것이다. 새로운 해양 공원을 건설하고, 해양 보존 플랫폼에서 시의회를 운영하고, 사랑하는 해변이나 물 접근 지점을 살리기 위한 편지 쓰기 캠페인을 시작하고, 해양 생물다양성탐사를 계획하거나 참여시키고, 주변의 놀라운 해양 자연을 보여주고 가시화하기 위한 조간대 산책까지. 이것은 여러분의 도시가 해양세계를 배려하고 지지하는 장소가 되도록 도울 수 있는 구체적인 방법 중 일부에 불과하다. 바라건대, 이 책이 여러분들에게 무엇을 해야 하고 어디서부터 시작해야 하는지에 대한 아이디어를 제공하기를 바란다.

나는 모든 도시인이 스스로를 푸른 도시주의자라고 부르기 시작하기를 권한다. 이러한 것들은 여러 측면에서 혼란스러운 모습을 보일 수 있지만, 멋진 대화를 시작하고, 오늘날 우리가 매우 긴급하게 필요로 하는 도시 디자인 전문가, 활동가 및 기타 공동체를 구축하는 데 도움을 줄 것이다.

버지니아 샬러츠빌에서
티모시 비틀리

살짝 민망한 이야기지만, 이 책의 제목은 어쩌면 이상할 수도 있다. 바다 밑에는 도시가 없기 때문이다. "뭐지? 무슨 뜻이지?" 하고 책 제목으로 어느 정도 놀람을 유도하려는 의도도 있다. 이런 의도가 도시들이 실제로 헤양과 얼마나 밀접하게 연계되어 있는지에 대한 대화를 촉발하고 도시와 해양의 연계에 대한 인식을 높일 수 있기를 바란다. 그렇다면, 심대한 푸른 행성이 훨씬 더 심대하게 도시화되고 있다는 것은 무엇을 의미할까? 그리고 바다와 해양환경을 대표하여 도시 인구의 정치적 힘과 창의력을 이용할 방법에는 어떤 것들이 있을까?

이 책은 도시와 해양의 상호 보완적이고 상호 지속 가능한 관계의 일부가 되기 위해 시, 정부, 기획자, 디자이너, 과학자, 그리고 도시민의 인식과 협력을 높이기 위한 논쟁이다. 도시와 해양이 연계를 형성할 방법에 대한 긍정적 구상과 사례가 많이 있지만, 그보다 훨씬 더 의미 있는 해양생물과 연계를 형성할 필요가 있다.

우리는 놀라운 해양 행성에 살고 있으며, 해양은 우리가 흔히 깨닫는 것보다 더 많은 방식으로 우리 생활에 영향을 미친다. 예를 들어 기후체계, 식량자원, 나아가 우리의 현대적이고 복잡한 전력 · 운송체계는 해양자원에 크게 의존한다. 그런데도 우리는 도시의 현대적 계획, 정책,

설계에서 바다와 해양의 환경을 사실상 무시해 왔다. 가장 선진적인 도시 계획도 주로 기후변화와 해수면 상승의 초기 단계에 초점이 맞춰져 있으며, 그 이상은 거의 없다. 그러나 이 책이 탐구하는 것처럼 우리의 도시 계획은 우리가 지구적 체계에 대한 보호 조치를 취한 것과 마찬가지로 해양생물과 생태계를 보호해야 한다. 지구의 70%가 바다로 덮여 있음에도 불구하고, 바다의 단 1%만이 해양 보존 또는 보호 지역으로 지정되어 착취로부터 보호받고 있다.

최근 몇 년간 실비아 얼Sylvia Earle, 다니엘 폴리Daniel Pauly, 낸시 놀턴 Nancy Knowlton, 제레미 잭슨Jeremy Jackson 등과 같은 해양학자들과 해양과학자들은 우리가 바다와 어떤 식으로 연계되어 있는지 또한 해양 영역의 대부분이 현재 심각한 어려움에 처해 있는지에 대한 인식을 높이기 위해 부단히 노력했다. 우리가 바다를 탐험하고 시간을 보내는 것은 어려운 일이기 때문에, 해양환경을 과소평가하고 바다로 받는 혜택에 감사하지 않는 경향이 있지만, 종으로서의 생존은 생태 및 환경의 건강과 불가분의 관계에 있다.[1]

해양과학계 내부에서는 상업적 남획과 과도한 오염 및 폐기물 그리고 기후변화의 심각한 영향을 복합적으로 겪고 있는 해양의 수많은 위협에 대한 공감대가 커지고 있나. 데이비드 애튼버러David Attentborough는 '바다의 죽음the death of the oceans'이라는 제목의 다큐멘터리를 제작했으며, 산호초 전문가 제레미 잭슨Jeremy Jackson은 '바다의 묵시록ocean apocalypse' 을 언급하며 풍요로움과 다양성을 잃어버린 미래 바다의 황량한 모습을 보여주었다.[2]

우리에게는 바다와 맺은 과잉 착취적 관계를 정정할 기회가 아직 남아있다. 이제는 도시와 시민이 난국에 대처하고 자신의 정치 권력, 점증하는 경제적 부, 창의성, 독창성 등을 활용하여 더 나은 해양 관리의 책무성을 증진할 때다.

나는 2005년 서호주에서 6개월간 머무르는 동안 도시와 시민이 스스로 해양을 보전할 수 있다는 확신을 가질 수 있었다. 그레이트 퍼스 Greater Perth 지역의 많은 거주자들은 해양과 해안환경에 관한 문제들을 알고 있었고 그것에 민감하게 반응했다. 생물 다양성을 가진 닝갈루 암초 Ningaloo Reef 일대를 따라 휴양지 개발을 허용할 것인가를 놓고 격렬한 논쟁이 벌어진 적도 있었다. 제안대로 거대한 호텔 단지가 허용된다면, 그 호텔 단지는 다양한 해양생물의 보존이 훼손될 수 있는 최악의 장소인 해안가에 위치하게 될 예정이었다.

하지만 나는 놀랍게도 '닝갈루 암초 지대를 보호하자 SAVE NINGALOO'라는 수많은 자동차 범퍼 스티커를 목격하게 되었다. 이 스티커는 퍼스의 거의 모든 곳에서 볼 수 있는 것처럼 보였다. 나는 퍼스의 도시 경계에서 1,200킬로미터 이상 떨어진 해양환경에 대한 사람들의 분노와 우려가 놀라울 따름이었다. 시민들은 집회를 열고 개발이 암초에 부정적인 영향을 미칠 것이라는 우려를 나타내는 편지를 썼다. 그 주의 총리(미국의 주지사에 상당하는 사람)는 이러한 항의에 직면해서 결국에는 여론에 반응하여 휴양지 개발 계획에 거부권을 행사했다. 이 이야기는 수백 킬로미터 떨어진 곳의 도시인들이 해양세계를 대표하여 어떻게 관심을 가지고 옹호할 수 있는지를 보여주는 놀라운 사례로 내 마음에 남

그림 0-1. 뉴질랜드 웰링톤은 지리적으로나 문화적으로나 태평양과 밀접한 관계가 있다.(사진 제공: 저자)

아있다.

하지만 아직도 해양건강과 해양생물에 대한 새로운 위협은 매우 심각해서 미래를 위해 해양을 보호하는 것은 앞으로도 도시와 시민의 특별한 조치를 필요로 할 것이다. 이처럼 새롭게 결합한 노력은 내가 '블루 어바니즘Blue Urbanism'이라고 부르는 윤리를 포용하는 방향으로 전환되어야 한다. 블루 어바니즘은 나의 이전 작업과 저작을 반영하고 있는 더 일반적인 문구, 즉 '그린 어바니즘Green Urbanism'을 변형한 것이다.

그린 어바니즘은 고밀도 도시환경에 생태학적 설계·관행·기술을 통합할 수 있으며, 또한 통합해야 한다고 주장한다. 그것은 도시에 모여 사는 인간이 생산한 규모의 효율성에 따른 소비 감소와 현지 식량자원과 건축자재의 보급과 같은 공급선 단축 그리고 재생가능에너지에 의해 생산되고, 건축환경에 통합되는 '순환형 신진대사circular metabolism'로의 전환과 함께 일반적으로 자원 효율이 높은 생활방식을 낳는다는 입장을 지지한다. 우리는 압축·고밀도·복합용도 도시에서 생활하는 것이 지속가능성을 향해 나아갈 수 있는 가장 중요한 방법의 하나라는 사실을 인식하고 있다.

그러나 이 책에서 주장할 것처럼, 이 같은 녹색 도시 의제는 종종 바다와 해양환경을 무시한다. 이것은 내 닷이요! 나는 2000년에 해양을 언급하지도 않으면서 그린 어바니즘이라는 선도적인 책을 저술했었다![3] 도시와 도시민이 존재하는 궁극적인 '푸른' 집과 푸른 맥락에 대한 인식은 거의 존재하지 않으며, 해양환경의 보호와 건강을 도시 의제로 고려해야 한다는 인식도 거의 존재하지 않는다. 이제는 너무나도 일반적인 모든 실수를 해결해야 할 때다.

블루 어바니즘은 또한 인간 특히 도시환경에서 생활하는 사람들이 자연에 대해 느끼는 본유의 매력과 정서 생활을 지칭하는 윌슨E.O. Wilson의 **생명애**biophilia 개념과 중요한 측면에서 연관되어 있다.[4] 녹색 도시를 진전시키려는 노력은 종종 에너지를 절약하고 쓰레기를 줄이고 물 소비를 최소화하는 장소와 공간을 설계하는 데 초점을 맞추고 있다. 이는 모두 창조적인 설계와 기술에 의해 촉진되는 본질적 단계이지만, '녹색' 도시 의제는 종종 현실적 또는 문자 그대로의 녹색, 즉 우리가 행복하기 위해 필요로 하는 자연—나무, 새, 공원, 그리고 녹색 공간 요소 등—을 망가한다. 우리가 숨 쉬는 고래를 어렴풋이 보기 위해 바다 정경을 살피거나, 펠리컨이 대형을 이루며 날아다니는 것을 보거나, 스노클링이나 해변을 통해 해양세계를 경험할 때, 우리는 바다와 해양환경에서 발견되는 다른 멋진 생명체들을 보고, 만지고, 느끼고, 경험하고 싶은 심층적 욕구에 반응하고 있다.

해양에 대한 연계감을 조성하기 위해 설계된 도시에서 생활한다는 것은 무엇을 의미하는가? 어떻게 그리고 어떤 방법으로 우리는 도시 계획 · 관행 · 정책에서 바다로부터 받는 혜택을 고려할 수 있는가? 많은 지방 정부들은 '상어지느러미 자르기shark finning'처럼 파괴적인 관행과 비닐봉지를 금지하는 것과 같은 초보적 조치를 취해왔다. 인상 깊은 결과를 얻은 이러한 조치는 도시 인구가 어떻게 해양건강에 효과적이며 긍정적인 변화를 창출할 수 있는지를 보여주었다.

주로 아시아 샥스핀 시장에 공급하기 위해 상어의 지느러미를 잘라내고 몸통은 바다에 버리는 끔찍한 관행인 '상어지느러미 자르기'의 사례는 도시 인구와 도시의 잠재적인 정치적 힘을 볼 수 있는 한 가지 흥미로운 방법이다. 매년 7천만 마리 이상의 상어가 '추수'되고 있으며, 이 관행이 상어의 개체 수에 심각한 영향을 미치기 시작하고 있다.

상어지느러미 판매금지는 미국의 몇몇 도시에서 채택되었는데, 현재 미국의 4개 주가 금지법을 제정하고 있다. 거기에는 가장 친숙한 야생상어로부터 수백 킬로미터 떨어진 일리노이주도 포함되어 있다. 상어지느러미 무역으로 많은 경제적 이익을 얻고 있는 홍콩 같은 도시에서도 여론이 바뀌어 논쟁이 전개되고 있다. 늘 그렇듯 쉽거나 빠르게 되는 것은 아니지만 변화는 가능하다. 홍콩의 한 엘리트 달리기 단체가 7년 연속 상어의 복장을 하고 홍콩의 스탠다드차타드 마라톤Standard Chartered Marathon을 운영해 왔다.[5] 크게 벌린 상어 입으로 방긋방긋 웃고 있는 각 주자의 얼굴 모습은 익살스럽기 그지없다. 하지만 이 마라톤은 '상어지느러미 자르기'에 대한 의식을 고양하기 위한 매우 가시적인 방법으로 이 문제에 대해 주자들은 사뭇 진지하다. 태도를 바꾸려는 도시의 그 밖의 노력과 함께 '상어지느러미 자르기'를 용인하는 태도는 약화하고 있는 것처럼 보인다. 한편 2012년 가을 홍콩에 본부를 둔 항공사 캐세이퍼시픽은 자사 항공편에 상어 제품이 담긴 화물을 싣는 것을 중단하기로 결정했다. 닝갈루 암초의 사례나 파괴적이고 오염을 심하게 일으키는 비닐봉지의 사용을 금지한 샌프란시스코의 사례처럼 홍콩은 해양과 해양생물의 건강을 우선시하는 문화를 이끌어가는 도시가 될 수도 있을 것이다.

지방 도시 정부는 해양에 대한 유해요소를 줄이는 정책과 행동의 변화에 영향을 미칠 수 있는 많은 선택지를 가지고 있다. 도시정책은 시민을 교육하고 그들 주변의 해양자원과 연계시키는 새로운 사업과 시책을 지원할 수 있다. 정부는 서식지를 복원하고 수중세계에 색다른 창을 제공하는 건축설계 표준을 확립할 수 있으며, '블루 어바니즘' 접근방식을 수용하는 건축 회사와 개발업자에게 지방 건축 계약권을 부여할 수 있다. 그들은 현지 수족관을 통한 프로그램에 자금을 지원하거나 보다 더 지속 가능한 어업을 장려하고 수경혼합양식aquaponics 등의 기법을 통해 현지 해산물 생산을 지원할 수 있다. 그리고 그들은 해양 자매도시의

그림 0–2. 방콕의 한 가게 앞에 있는 상어지느러미(사진 제공: oldandsolo via Flicker)

확립에서부터 도시가 후원하는 해양탐험에 이르는 다양한 활동을 통해 심해에서 발견되는 경이로움과 건강한 수중세계의 위협요인에 대한 새로운 인식을 키울 수 있다.

　정부이 행동을 위한 또 나른 섭근법은 더 오래되고 통상적인 수단들을 더 이례적이고 혁신적인 방식으로 적용하는 것을 포함한다. 예를 들어, 정부는 지방 수준에서 일반적인 관행이자 수단인 토지구역지정을 바다와 해양환경으로 확대할 수 있다. 지상 환경에서 그린벨트를 지정한 것처럼 바닷가에 자리 잡고 있는 도시들은 '블루벨트bluebelts'를 지정

그림 0-3. 홍해 아카바만에 있는 금강바리(사진 제공: 요르단, 아카바, NOAA/Mr. Mohammed Al Momany)

하여 바다와 해양환경을 보호할 수 있다.

　어떤 면에서 블루 어바니즘은 우리의 현대적인 환경 감수성이 이미 지향해 온 방식의 자연스러운 확장이라 볼 수 있다. 그러나 그것은 우리의 개인적 선택, 도시 계획, 정부의 정책 우선순위 등에 해양문제에 대한 고려를 더 전략적으로 통합하는 것을 강조한다. 계획과 행동주의에 대한 블루 어바니즘의 접근방식은 우리가 모두 푸른 행성에 연계되어 있고 물질·에너지·식량의 소비에 관한 인간의 선택이 해양 유기체와 생태계에 영향을 미치며 궁극적으로 우리 자신의 건강과 행복에 영향을 미칠 것이라는 주요한 이해에 의해 인도된다. 블루 어반 도시는 자신의 생태학적 발자국이 자신들의 지역사회를 넘어 확장되고 있으며 자신들을 지원하고 유지하는 배후지가 존재한다는 사실을 의식적으로 승인한다. 그런 만큼 해양에 미치는 영향을 고려하면서 정책도 신중하게 검토되고 있다.

궁극적으로 이러한 도전은 해양과 바다의 맥락을 깊이 인식하고 있는 새로운 도시 문화를 성장시키게 될 것이다. 우리는 **호모아쿠아어바니스**Homo aqua urbanis가 필요하다. 나는 해양을 인식하는 것뿐만 아니라 논쟁의 여지없이 푸른 이 행성에서 바다를 우리 생활의 중심적 틀과 서사로 만드는 새로운 도시 감수성을 신속하게 배양하는 것이 가능하다고 믿는다. 이어지는 장들은 개인과 도시가 진보를 만들어내는 많은 이야기와 이러한 새로운 해양 감수성이 드러날 수 있는 많은 긍정적인 방법들을 말해줄 것이다. 블루 어바니즘은 '지구적 도시인'인 우리가 '바다 시민'으로서 우리의 역할을 어떻게 이해할 것인가 그리고 우리 도시 환경의 일부로서 바다의 역할을 어떻게 이해할 것인가를 상상하도록 요구한다. 우리가 푸른 세계의 거주자들이라는 사실을 감사히 여기며, 우리는 이처럼 신비롭고 아름답지만, 쉽게 간과되는 이 지구의 영역에 대한 보다 깅긴한 정시기성신의 체계를 개발하기 시작해야 한다.

이 책은 2011년 온라인 저널 『장소_Places』에 실린 「블루 어바니즘: 도시와 해양_Blue Urbanism: The City and the Ocean」 논문에서 직접 발췌한 것입니다. 이러한 구상을 격려해 주신 **장소** 편집자 낸시 레빈슨_Nancy Levinson에게 특별한 감사를 드립니다. 또한, 이를 『블루 어바니즘』으로 출판할 수 있도록 격려해 주신 아일랜드 프레스_Island Press 수석 편집자인 헤더 보이어_Heather Boyer에게도 감사드립니다. 특히 편집자 코트니 릭스_Courtney Lix는 책에 담을 수 있는 주제들로 재구성하기 위해 주신 아이디어로 보다 읽기 쉽고 유익한 책을 만들게 해주신 그녀의 헌신적인 노력에 감사드립니다.

인터뷰를 통해 아이디어를 공유해주신 많은 해양 및 해안 지도자들을 포함하여, 많은 이들이 이 책을 쓰는 데 귀중한 시간을 할애해주었습니다. 이 책의 내용과 이야기의 풍성함은 그들이 준 영감 덕분입니다. 나는 도시 주변의 해양환경을 보호하기 위한 그들의 열정과 헌신이 조금이라도 전달될 수 있기를 바랍니다.

늘 그렇듯 해양세계를 사랑하는 아내와 두 딸의 엄청난 지지가 없었다면 이 책의 출판은 불가능했을 것입니다.

우리가 평소 볼 수 없는 모든 해양생물을 이해하고 보호할 수 있기를

바라며 지칠 줄 모르고 일하는 도시에 사는 많은 사람들에게 이 책을

바칩니다.

목차

제1장

도시와 해양의 연계성

우리의 도시 미래와 해양세계는 다양한 방식으로 밀접하게 얽혀있다. 건강한 바다가 제공하는 생태적 이점은 우리 현대 문명에 영향을 주는 기상 형태에서부터 바다 생명체의 산소 생성 효과, 탄소 격리의 이점에 이르기까지 엄청나다. 모든 도시는 바다에서 가깝든 멀든 거리와 상관없이 해양자원으로부터 혜택을 받고 있다. 세계의 바다는 주요 탄소 저장고로 연간 약 20억 톤의 이산화탄소를 흡수하여 날씨와 관련된 기후변화의 심각성을 지연시킬 수 있다. 어류, 연체동물, 해초류 등 해양 식량은 전 세계 대부분의 사람들에게 생계와 단백질의 중요한 공급원이 된다. 또한, 현대 사회 발전은 해운 경로를 따라 이동하는 상품에서부터 해저 아래 석유 매장지에 이르기까지 수많은 해양자원을 사용한다.

해양학자이자 해양탐험가인 실비아 얼Sylvia Earle은 나음과 같이 바다가 중요한 역할을 하고 있다는 점을 알기 쉽게 설명하고 있다. "바다가 기후와 날씨를 주도하고, 온도를 조절하며, 지구 물의 97%를 보유하고, 생물권의 97%를 차지합니다. 또한 바다는 햇볕에 쬔 표면에서 가장 깊은 곳까지 액체 공간을 차지하면서, 가장 풍부하고 다양한 생명체가 먼 바다 깊은 곳에서도 발생합니다."[1] 또한 얼은 다음과 같이 우리가 모두 건강한 바다에 대한 필수불가결한 이해관계를 가지고 있다고 주장한다. "바다를 보거나 만질 기회가 없더라고 바다는 당신이 숨을 쉴 때마다, 마시는 물 한 방울에도, 먹고 소비하는 모든 순간에도 닿아 있습니다. 모든 사람은 어디에서나 불가분의 관계로 바다의 존재에 전적으로 의존하고 있습니다."[2]

도시 소비 및 생산 활동은 해양환경이 제공하는 자원에 여러 가지 방식으로 의존하며, 때로는 직접, 때로는 간접적으로 제공된다. 착취 행위를 장려하는 공급망과 국제 조약이 일상적인 활동을 넘어서기 때문에, 이러한 압력은 다양하고 다면적으로 때로는 추상적으로 접근하기도 한다. 따라서 블루 어반 도시를 만들기 위해 우리는 해양과 도시 사이의 정책 관계와 유해한 관행에 대한 초기 대안을 탐구할 필요가 있다.

해양자원에 대한 도시 수요

우리의 해양은 식량에서 석유, 풍력에 이르기까지 풍부한 자원을 제공해준다. 그런데도 이러한 자원을 추출하기 위한 대부분의 표준 관행이 해양건강을 심각하게 해치고 있다는 것을 보여주는 증거가 되기도

한다. 나는 현대 도시 생활에서 해양 영역의 침입을 '해양 스프롤'의 한 현상으로 본다. 분주한 운송로, 풍력발전소 개발, 굴착장치, 산업적 어선 등 모두가 해양 생태계의 무결성에 영향을 미친다.

의심할 여지 없이 해양은 현대적 생활양식의 기초를 이루는 자연자 원의 원천이다. 북극의 석유와 가스 탐사에 대한 새로운 제안과 같이 해 저에서 자원을 추출하기 위한 강하고 직접적인 압력이 증가하고 있다. 우리는 자동차의 연료 탱크를 채울 때, 일반적으로 석유 기반 운송에 대 한 의존이 해양에 실제로 어떤 영향을 미치는지 생각하지 않는다. 2010 년 여름에 텔레비전을 시청하는 많은 사람들에게 멕시코만 '딥워터 호 라이즌Deepwater Horizon' 폭발 및 유출 이미지는 엄청난 충격이었다. 그것 은 석유사용에 의존하는 생활양식이 어떻게 해양환경에 심각한 영향을 미치는지에 대해 고통스럽게 상기시켜주는 일이었다. 또한 우리의 규제 체계의 적절성, 적절한 양의 해양 및 심층 시추, 그리고 BP(영국의 석유 회사, British Petroleum)에 45억 달러의 손해를 입혔고, 최근까지 합의에 대한 논의가 있었지만 실제로는 달라진 게 없다.

화석연료에 대한 의존이 아마도 해양에 가장 큰 위협인 기후변화를 만들어내고 있을 것이다. 해양과학자인 제레미 잭슨Jeremy Jackson은 금세 기 말까지 해수면이 빠르게 가열되이 온도가 섭씨 3도에서 4도로 증가 할 가능성을 두고, 해양의 변화하는 화학 · 생물학 · 생물물리학적 기능 에 대한 실망스러운 그림을 그리고 있다. 지구 해수면의 온도 변화로 이 미 해양 종의 분포에 상당한 변화가 발생했으며, 이러한 온도와 서식지의 변화에 종들이 적응해야 한다면 더 많은 변화가 일어날 것이다.[3] 해양 층화 및 해양 혼합 감소는 해양 생태계의 복잡성과 생산성 저하에 더욱 영향을 미칠 것이다. 바닷물 층의 혼합은 필수적인 생태학적·생물학적 기능을 제공한다. 예를 들어, 해양의 많은 부분에서 영양분 상승 또는 하부층에 갇힌 영양분의 표면으로의 이동은 해양 먹이사슬의 기초를 형성하는 종에게 중요한 식량 공급원을 제공한다.

바다는 우리의 무분별한 화석연료 사용의 영향을 줄이고 완화하는 '거대한 탄소 저장고'의 역할을 해왔다.[4] 해양과 해양생물에 대한 비용은 매우 높다. 왜냐하면, 해수의 산성화가 산호초의 지속적인 사망 요인이고 필수적인 해양 먹이사슬을 더욱 붕괴시킬 우려가 있기 때문이다. 식물성 플랑크톤과 다른 해양 유기체들은 탄산칼슘으로부터 껍데기를 형성하는데, 해수의 수소이온농도(pH)가 줄어들면, 탄산염의 이용 가능성이 떨어지기 때문에 해양과 해양생물의 보호는 더 어려워진다.[5]

좀 더 낙관적인 견지에서 보면, 해양은 현재의 화석연료 의존도를 완화할 수 있으며, 재생 가능한 에너지 생산의 원천이다. 이런 큰 잠재력을 지니고 있기 때문에 어쩌면 보다 지속 가능한 세계 미래에 최고의 희망이 될 수도 있다. 해상풍력 생산은 육상 터빈에 비해 많은 이점을 가지고 있으며, 현재 미국 해역과 전 세계에서 많은 해상풍력 프로젝트가 진행 중이다. 해상풍력의 가능성과 잠재력은 실로 대단하다. 미국에너지부의 풍력발전계획US Department of Energy's Wind Powering은 미국의 잠재력을 약 4,150기가와트 이상으로 추산하고 있다. 이는 현재의 4배에 달하는 에너지 생산량이다.[6] 이러한 에너지 기술과 기회의 대부분은 보다 지속 가능한 저탄소 모델을 지향하는 긍정적인 추세를 보이고, 이러한 예로 어류의 이동과 서식지에 미치는 영향이 최소화되도록 신중하게 해상과 해양환경을 설계·배치해야 한다.

지난 반세기 동안 세계무역의 증가는 중요한 수송지대로써 바다의 이용을 증가시켰다. 자동차 부품에서 티셔츠와 휴대폰에 이르기까지 모든 것을 전 세계로 운송하는 엄청난 수준의 화물선 운송량이 고래를 심각하게 위협하기 시작했다. 예를 들면, 거대한 수송선에 부딪혀 불구가 되거나 죽는 고래가 발생했다. 결국 화물선의 위협을 최소화하기 위해 주요 항구도시를 드나드는 배들의 운송로를 변경하도록 요구하는 등 고래의 부상과 사망 사고를 줄이기 위해 몇몇 조치들이 취해졌다. 미국국립해양대기청(NOAA)은 해운업과 협력하여 최근 샌프란시스코만을 드나드는 해상교통을 위한 실시간 고래 감독 연결망을 포함한 새로운 운송 경로와 절차를 신설했다.[7] 이러한 조치에도 불구하고, 선박 운송이 고래 종에 미치는 영향은 심각하고, 특히 취약한 종인 푸른 고래가 최근 몇 년 동안 캘리포니아 해안을 따라 사망한 개체 수가 다수 보고되고 있다.[8]

마지막으로, 전 세계에서 다른 어떤 공급원보다 어류의 단백질을 섭취하는 사람이 더 많다. 이 때문에 우린 임청난 양의 생선과 해산물을 수확하는데, 이 같은 해산물 수확을 보면 매우 지속 불가능하고, 근시안적이며, 환경 파괴적이고, 고도로 기계화된 산업적 식량 생산체계처럼 보인다. 전 세계에서 대규모로 생선이 잡히는 어장을 보면, 어획량에 비해 생산능력이 한참 못 미치지만, 지난 수십 년 동안, 전 세계 어선들의 어업 활동 범위를 보면 매우 극단적이며 용납할 수 없는 수준이었다. 세계자연기금World Wildlife Fund이 보고한 바와 같이, 전 세계 어획량은 지난 40여 년 동안 5배나 증가했다. 이것은 파괴적인 저인망어업 뿐만 아니라, 더 먼 바다에서 깊은 물 속에 촘촘한 그물망으로 작은 해산물까지 씨를 말리는 후리질이나 주낙과 같은 파괴적인 어업 기술들을 이용한 어업이었다.[9] 그리고 새롭게 추정한 결과, 여전히 보수적인 방식으로 상어지느러미를 얻기 위해 매년 7천만 마리 이상의 상어가 수확되는 것으로 나타났는데, 이는 낭비적이고 잔인하며 생태학적으로 중대한 영향을 미칠 가능성이 높다.

길게 이어진 오염된 물줄기의 유입

해안 도시들은 수 세기 동안 바다를 쓰레기 처리장과 개방된 하수도로 취급해왔는데, 그 이유는 바다가 오염되거나 이상이 생기기에는 너무 거대하고 광대하다고 믿어왔기 때문이다. 하지만 지금, 과학은 우리에게 그렇지 않다고 말한다. 바다에 플라스틱이 축적되는 것은 대중들이 꽤 많이 인식하고 있는 문제들 중 하나다. 새로운 연구에 따르면, 바다에 축적되는 플라스틱의 영향은 우리가 생각했던 것보다 훨씬 더 심각하다. UC 데이비스University of California at Davis의 연구원들은 최근 특정한 종류의 플라스틱, 특히 폴리에틸렌으로 만들어진 플라스틱 물병, 비닐봉지가 다른 플라스틱에 비해 물에서 다량의 독소를 흡수한다는 것을 발견했다. 게다가 플라스틱이 분해되면서 훨씬 더 많은 독소를 흡착한다는 사실도 발견했다.[10] 따라서 이 연구는 해양생물들이 플라스틱을 섭취할 때 '이중적 위협'에 직면한다고 결론짓는다. 예를 들어, 거북이가 비닐봉지를 해파리로 착각해 먹을 경우에 일단 살아남는다 해도 거북이는 플라스틱이 흡착한 독소에 천천히 중독되어 죽을 수 있다는 것이다.

그림 1-1. NOAA 잠수부들이 북서 하와이섬 프렌치 프리게이트 쇼얼즈French Frigate Shoals에서 해양 잔해 조사와 제거 순항 중에 뒤엉킨 태평양몽크바다표범을 풀어주고 있다.(사진 제공: Ray Boland, NOAA/NMFA/PIFD/ESOD)

따라서 어떻게 하면 바다의 오염을 막고 플라스틱의 유입을 억제할 수 있을지가 중요한 과제이다. 도시정책 입안자들은 이 과제를 비닐봉지 사용금지와 비닐봉지 사용에 대한 수수료를 책정하는 방식으로 해결하기 시작했다. 하지만 플라스틱의 바다유입이 억제된다고 하더라도, 이미 기존에 유입된 쓰레기를 치우는 것은 매우 어려운 일이 될 것이다. 호주의 한 연구팀이 최근 발표한 자료에 따르면, 기적적인 성취로 인해 '지금 당장 플라스틱의 바다유입이 완전히 차단된다'라고 가정하더라도, 바다 위에 떠 있는 쓰레기 더미의 크기가 자라는 것이 멈추는 데만도 500년은 소요될 것이라고 단언했다.

해안가로 갈수록 플라스틱 오염의 영향은 더욱 심각해진다. 바다는 각종 폐기물 및 도시 생활 쓰레기 그리고 오염수 등의 주요 쓰레기매립장 역할을 해왔다. 만약 이 쓰레기들이 바다로 흘러가지 않는다면, 이 모든 쓰레기를 어디에 둘 것인가? 사람들은 애초부터 도시가 바다의 광활함을 이용할 수 있도록 설계했다. 플라스틱에서부터 다양한 종류의 도시의 폐기물과 처리되지 않은 폐수에 이르기까지, 이 바다는 광활하기에 아무리 많이 버려도 아무런 해가 없을 거라 믿었다. 하지만 연구조사에 따르면, 이런 무분별한 폐기물 처리는 해양 생태계에 큰 영향을 미치고 있다.

플라스틱 폐기물 외에도, 도시 지역에서 발생하는 공기 오염 역시 해양 생태계에 심각한 문제다. 도시에서 사용되는 전기를 공급하기 위해 화력 발전소를 지었고, 이로 인해 많은 양의 수은이 바다로 흘러들고 있다. 이는 해양생물과 인간의 건강에 대한 위협을 증가시킨다. 최근 발표된 유엔환경계획United Nations Enviroment Programme 보고서에 지난 100년 동안 바닷물의 상층 100미터에서 수은 수치가 두 배로 증가했다고 기록되어있다.[11]

해안 주변과 해안에서 수천 킬로미터 떨어진 곳에서 이뤄지는 공장형 농업으로 인해 질소, 인과 같은 유독한 화학물질이 강과 바다로 과도하게 흘러들게 되었고, 이는 해양 생태계에 악영향을 끼치기 시작했다. 이 화학물질은 물 속에서 모든 산소를 독점하고 '죽음의 해역dead zones'을 만들며, 녹조 현상의 촉매 역할을 하여 거의 모든 해양생물을 쓸어버리게 된다. 멕시코만의 죽음의 해역이 가장 잘 알려져 있고, 전 세계적으로 400개 이상의 죽음의 해역이 있으며, 이 숫자는 앞으로 더 늘어날 것으로 예측된다.[12] 또한 이렇게 형성된 녹조에서 방출되는 독소에 노출되면 질병에 걸릴 수 있으며, 심지어 사망에까지 이를 수도 있다. 그렇기 때문에 죽음의 해역이 인간의 건강에도 직접적인 영향을 미친다고 볼 수 있다.[13]

신상한 해양의
가치

우리가 직면한 문제는 오랫동안 지속되어 온 '공유지의 비극'이다.

자연환경과 관련된 다른 많은 것들과 마찬가지로 바다와 해양 유기체 및 환경에 부과되는 비용은 외부화되어 대부분 숨겨져 있으며, 많은 결정과 행동의 누적적 영향으로부터 비롯된다. 따라서 분명한 하나의 인과관계가 아니라 많은 직간접적인 영향들이 있기 때문에, 해양에 부정적인 영향을 미치는 정책과 행동을 바꾸는 것은 상당히 어렵다. 그런데도 해양건강을 저하시키는 행동과 정책을 연구하고, 이해하고, 변화시킬 강력한 동기가 있어야 한다.

우리는 해양이 제공하는 생태계 기능이 막대한 경제적 가치를 지니고 있다는 것을 알고 있다. 바다를위한세계적협력Global Partnership for Oceans 은 이런 지식의 많은 부분을 훌륭하게 요약했는데, 거기에는 몇 가지 통계도 포함된다. 세계적으로 3억 5천만 개의 일자리가 바다에 의존하고 있으며, 어류와 해산물의 연간 무역에서 1,080억 달러 가치를 창출한다. 또한 산호초와 관련된 생태관광의 경제적 가치만 해도 약 90억 달러에 달한다.[14] 블루 어바니즘의 핵심 전제는 건강한 해양을 유지함으로써 큰 경제적 이익이 발생한다는 것이다. 대규모의 사회적·환경적·경제적 비용은 해양건강의 악화와 관련이 있다. 그리고 미래의 도시 결정은 이러한 비용과 편익에 대한 이해를 반영하고 지침으로 삼아야 한다.

오늘날 우리가 미처 생각하지 못했던 다양한 산업들이 해양생물을 조사하고 연구함으로써 큰 이익을 누리고 있다. 예를 들면, 해양생물에서 발견되는 화합물로부터 많은 약물이 개발된다. 또 잘 알려진 산호, 해면 갯솜, 피낭동물은 이미 항암, 말라리아, 항바이러스제에 사용되는 성분을 제공하고 있다.[15] 기초공학에서는 해양생물을 연구함으로써 재료 개발, 추진력 연구, 재생 설계에 대한 엄청난 통찰력을 얻을 수 있다. 앵무조개 껍데기에서 영감을 얻은 건축설계부터 물고기 떼처럼 단체로 움직이는 수많은 자동화된 자동차들, 상어 가죽을 모방하여 만든 수영복 원단까지 우리는 해양생물을 연구하면서 많은 것을 배웠다.[16] 버지니아 대학의 공대 연구원들은 미 해군을 대신하여, 만타가오리의 매우 효율적이고 우아한 이동을 재현할 수 있는 새로운 수중 운송수단을 개발하고 있다.[17] 최근 태평양 수면 아래 약 2,400미터 바다 깊은 곳에 사

그림 1–2. 원격 작동 차량 '헤라클레스'가 임무를 받아 하강하고 있다.(사진 제공: 해산조사팀; the IFE Crew; and NOAA/OAR/OER)

는 녹색 광합성 박테리아가 발견되었다. 이 박테리아는 적은 양의 빛으로부터 에너지와 영양분을 섭취하고 열수분출공hydrovents으로부터 유황을 섭취함으로써 척박한 환경 속에서도 살아남는다. 이 박테리아는 가장 척박한 환경 속에서 생명이 어떻게 발생할 수 있는지에 대한 비밀을 간직하고 있으며, 생명체가 없어 보이는 행성에서 생명체를 찾을 수 있는 곳을 이해하는 데 도움을 줄 뿐만 아니라, 지구상에 일어나고 있는 변화로부터 살아남는 방법에 대한 통찰력도 제공할 수 있다.[18]

바다에 대한 청지기정신의 변화

좋은 소식은 많은 장소에서 도시 사람들과 바다 사이에 긍정적이고 복원력 있는 상호 작용을 위한 큰 잠재력을 보인다는 것이다. 보스턴에서 샌프란시스코, 마이애미에 이르는 많은 도시들은 해양환경의 가장자리에 자리 잡고 있으며, 삶의 질을 높이고 관계를 형성할 수 있는 엄청난 잠재력을 제공하고 있다.

사람들의 해양에 대한 인식과 정서적 연계를 발전시킴과 더불어 해양을 보호하고 보전해야 한다. 이를 위해 도시에 사는 사람들의 관점을 완전히 재조정해서 그들의 엄청난 잠재력을 활용할 필요가 있다. 지구의 자연이 가득한 도시를 만들고, 모든 종류의 에너지와 자원을 아껴 사용하는 것이 여전히 중요하지만, 해양과 수중 생태계에 더 많은 관심을 쏟지 않는다면, 지속 가능한 사회를 만들기 위한 우리의 노력만으로는 해양을 지키기에 역부족일 것이다. 이것은 우리에게 가장 친숙한 인근 해역 환경 뿐만 아니라, 도시의 주변 환경을 넘어 우리가 이제 막 이해 하기 시작하고 있는 탁 트인 저 넓은 바다와 심해 세계 등 이 모든 것들 에 대한 책임과 또한 부정적인 영향을 재고하는 것을 의미한다.

미국 도시에 사는 사람들이 느끼는 '장소에 대한 자부심'이 해양세 계를 포함하도록 확대되는 경우는 드물지만, 해양세계를 포함하도록 확 대되어야 한다. 최근 한 인터뷰에서 LA바다지기LA Waterkeeper의 브라이언 멕스Brian Meux는 수백만 명이 거주하는 이 거대한 도시 바로 앞바다에 있 는 거대한 켈프숲에 대해 말했다. 대부분의 사람들은 이러한 해양세계 가 존재한다는 사실조차 모른다. 켈프숲을 자랑스럽게 생각하기는커녕 보살피거나 보호하기 위해 개인적으로 조치를 하고 싶어 하지도 않는 다. 브라이언은 이런 생각들이 바뀌기를 바랬다. "내 꿈은 하와이 사람 들이 그들의 산호초를 자랑스러워하는 것처럼, 여기 있는 사람들도 우 리의 켈프숲을 자랑스러워하게 되는 것입니다."

이 꿈을 LA를 넘어 전 세계 해안 도시로 확장하려면, 도시와 도심 주변의 해양환경에 대한 애정을 키워야 한다는 것을 의미한다. 최근 시 애틀을 방문했을 때, 골든가든즈Golden Gardens 공원에서 시애틀 수족관의 해변자연주의자Beach Naturalist 프로그램을 감독하고 있는 제니스 마티센 Janice Mathisen과 함께 만난 적이 있었는데, 해변의 조수가 빠지자 바위와 해초, 아네모네, 불가사리, 달팽이 등이 드러났고, 바다의 신비로운 세계가 펼쳐졌었다. 그러나 대부분의 도시에 사는 사람들은 이곳을 방문한다 하더라도 자신이 보고 있는 것에 대해 식별할 지식이 부족하다. 그들이 이 마법에 가까운 세계를 이해하기 위해서는 약간의 도움이 필요하다. 그래서 여기 해변자연주의자들과 같은 프로그램이 그 역할을 한다. 이 프로그램은 자연주의 봉사자 수백 명을 훈련하여 양성하고, 공원을 순찰하고, 조수 간 지역에서 발견되는 생태와 조수 웅덩이의 생활에 대해 사람들의 이해를 돕는다. 이처럼 자연을 직접 관찰하고, 야생생물과

그림 1-3. 뉴올리언스 주차장과 나란히 있는 해양생물 벽화는 우리가 푸른 행성에 살고 있다는 것을 뜻하지 않게 상기시켜준다.(사진 제공: 저자)

겸허히 교류할 수 있는 기회가 주어졌을 때 점점 더 사람들은 자연에 대해 호기심을 느끼게 된다.

나는 생명애적 도시biophilic cities에 대한 연구를 통해, 이것이 특히 고도로 도시화된 환경에 사는 사람들에게서 나타나는 현상이라는 것을 발견했다. 기회가 주어졌을 때, 코치와 자극의 올바른 조합을 통해 도시민은 주변의 자연을 감상하고, 감사하는 법을 배움으로써 건강, 웰빙, 삶의 질을 높일 수 있다.

몇몇 도시들은 이처럼 중요한 해양 야생성과 도시·해양의 연계성 및 도시인의 삶의 질을 향상하는 해양 야생성의 역할을 이해하기 시작했다. 바다로 둘러싸인 도시인 뉴질랜드의 웰링턴은 해양세계와의 연계를 적극적으로 발전시키고 있다. 새로운 해양보호구역, 어린이와 어른 모두에게 해양생물을 직접 보고 만지는 체험기회를 제공하는 해양교육센터, 해양다양성 기록에 시민을 참여시키는 세계 최초의 해양생물다양성 탐사bioblitz, 역사적으로 높이 평가되는 그린벨트 체계의 보완물로서 '블루벨트'라는 강력하고 새로운 전망 등이 모두 이런 노력에 속한다. 시애틀과 마찬가지로 웰링턴은 풍부한 바다와 해안 자연을 가지고 있다. 많은 주민들은 스쿠버 다이빙과 스노클링, 보트 타기, 도시 해안선을 따르는 하이킹 등을 하고 항구로 들어오는 쥐가오리와 배가오리의 경이로운 광경을 보며 시간을 보낸다.

웰링턴과 시애틀 같은 도시들이 보여주는 것처럼, 특히 해안 도시에는 불과 몇 미터 떨어진 곳에 거대한 '야생자연'이 존재한다. 해양세계와의 이 같은 공존에 참여하는 것은 재미가 있고, 정신적·육체적 건강에도 도움이 된다. 이 책에 설명된 내용 중에서 좋은 소식은 도시인들이 여건이 주어진다면 해양환경이나 그 주변에서 배우고 시간을 보내고 싶어 한다는 것이다. 바다거북이나 고래 같은 해양동물의 카리스마와 일상적 범위를 뛰어넘는 해양환경의 아름다움은 우려감과 청지기정신을 촉진시킨다.

개인적인 차원에서 변화를 만들기 위하여

자연에 대한 인간적 친화성으로서 생명애에 대한 나의 작업에 따르면, 바다 및 해양생물과 직접적이고 정서적인 유대를 맺을 수 있는 기회가 자연과 인간의 무너진 관계를 회복시킬 수 있는 높은 가능성을 제공한다. 많은 사람들은 이미 보트 타기, 스쿠버 다이빙, 스노클링 등의 활동을 통해 개인적인 차원에서 바다와 연계되어 있다. 전 세계에 2천2백만 명 이상의 인증된 스쿠버다이버들이 있다고 추정한다. 이 사람들은 문자 그대로! 해양과 더 깊은 관계가 있고, 우리가 제7장에서 보게 될 것처럼, 일부 잠수부들은 캘리포니아 연안의 켈프숲의 청지기가 되고 있다.[19]

우리는 특히 바다 가장자리에 자리 잡은 많은 해안 도시들에서 고래

관찰whale watching부터 해변정화beachcombing에 이르기까지 해양세계를 직접 경험을 할 수 있는 기회를 우리가 생각하는 것보다 훨씬 더 손쉽게 얻을 수 있다. 플로리다-카리브해 유람선협회에 따르면, 2012년 유람선 세계여행 승객은 사상 최대인 2,030만 명으로 추산되며 유람선 업계는 계속해서 성장하고 있다. 그러나 유람선 승선객들의 해양환경에 대한 바른 인식이 부족하고, 유람선 산업의 환경에 대한 기록이 기준에 못 미치는 경우가 많다.[20] 우리는 바다를 사랑하고 보호하는, 한마디로 '바다'가 빠진 '유람선 바다 여행'에서 다시 '바다'를 돌려놓고, 유람선 여행객

그림 1-4. 녹색 바다거북 한 마리가 서태평양 북마리아나섬의 영연방 사이판 앞바다에서 헤엄치고 있다. (사진 제공: 데이비드 버딕)

과 바다의 관계를 바르게 회복시킬 수 있는 기회가 있기를 기대해 본다.

고래관찰에 대한 관심 증가는 일자리 증가와 경기 회복에 긍정적인 영향을 미치고 있다. 3월에서 6월 사이에는 미국 북서부에 위치한 오리건 해안을 따라 이동하는 약 18,000마리의 회색 고래들의 놀라운 광경을 관찰할 수 있다. 고래들은 멕시코에 있는 분만 장에서 북쪽으로 돌아오는 길에 해안에서 0.8킬로미터도 채 안 되는 거리를 지나간다. 사람들에게 인상적인 자연 현상에 대한 이해를 돕는 '고래관찰은공용어다Whale Watching Spoken Here(제6장에서 설명)'와 같은 프로그램을 포함하여, 도시인들이 고래를 볼 수 있는 정말 좋은 기회가 자주 있다.

고래관찰의 경제적 잠재성은 비착취적 해양자원의 개발에 대한 희망을 품게 한다. 한 국제 연구팀이 2010년 '고래관찰의 세계적인 경제적 잠재성'에 대한 분석을 발표했는데, 이 연구는 이러한 활동이 활발하지 않은 개발도상국 경제에 초점을 맞췄다. 그들은 고래관찰이 창출할 수 있는 세계적인 경제적 총편익이 25억 달러라고 말했다.[21] 이처럼 놀라운 액수의 경제적 편익은 폭력적이고 파괴적이지 않은 방식으로도 해양환경을 활용할 수 있다는 가능성을 시사한다. 아마도 중요한 것은 바다 생활의 아름다움 그리고 그 광활함과 연계하려는 많은 사람들의 강한 희망과 해양 생태계의 건강 보호와 회복에 사람들을 참여시킬 가능성이 있음을 보여주는 것이다.

해양생물의
경이로움과 다양성

해양과학자들은 문phylum, 門 수준에서 이해할 때 육상환경보다 바다가 훨씬 더 생물학적으로 다양하며 아직 발견되지 않은 훨씬 더 많은 신비와 경이로움 그리고 인류에게는 더 많은 혜택이 있다는 것을 증명했다. 이것은 도시에 사는 사람들을 바다와 연계하고 건강한 해양에 대한 청지기정신을 고취할 수 있는 가장 좋은 기회들 중 하나를 제공한다.

2010년 10월 해양생물센서스Census of Marine Life는 해양생물다양성에 대한 10년간의 연구 결과를 발표했다. 해양생물센서스의 결과는 수심이 매우 깊어서 생명체가 살기 어려운 조건의 해양환경에 얼마나 많은 생명체가 존재하는지를 추정할 수 있게 해준다. 낸시 놀턴Nancy Knowlton의 저서『바다의 시민Citizens of the Sea』은 해양생물센서스에서 묘사된 놀라운 생명체를 시각적으로 기록한 책이다. 그 책 속에는 다음과 같은 생명체들이 등장한다. 해조류로 가장한 나뭇잎 해룡Phycodurus eques, 목덜미에서 빛나는 녹색 액체를 방출하여 포식자로부터 탈출하는 녹색폭격기벌레Swima bombiviridis, 해산海山 서식지에서 125년까지 살 수 있는 오렌지러피Hoplostethus Atlanticus, 차가운 북극해에서 살아남기 위해爲 혈액 속에 일종의 부동액을 사용하는 빙어와 어류들, 심해에 숨어 있는 고대 포식자인 불길한 모양의 송곳니 물고기.[22] 이러한 해양 '생물'의 이야기와 독특한 생물학은 끝이 없고 대다수 소설작가의 상상을 초월한다.

특히 문 수준에서는 육상에서 발견되는 것과는 확연히 다른 생물학과 생명주기를 가진 놀라운 형태의 생명체들이 존재한다. 카리브해에서 자생하는 해파리의 일종인 투리톱시스 뉴트리큘라Turritopsis nutricula는 트랜스 미분화라고 불리는 세포 과정을 진화시켜서 성숙해지면 자연적으로 다시금 탄생을 시작하게 된다. 그래서 이 해파리는 불멸의 해파리로 설명되고 있다. 그 외에도 더 많은 특이한 생명체들이 이제 발견되기 시작했고, 아직 탐험해 보지 못한 바다의 광대한 지역에서 발견되고 있다. 최근 한 달 동안 하와이 북서부섬(새로운 파파하노모쿠아키아 해양국립기념물)으로 다이빙 탐험을 한 연구자들은 10종의 새로운 산호초를 발견하기도 했다.

이러한 환경을 연구하는 몬터레이만 수족관 연구소의 브루스 로비슨Bruce Robison은 지구상에서 가장 큰 생물권인 심해에 생물의 다양성이 다른 곳보다 더 많을 수 있다고 주장한다.[23] 그는 다음과 같이 말한다. "아직은 상상조차 못할 생물학적 적응과 생태학적 메커니즘으로 우리가 모르는 백만 또는 그 이상의 종이 심해의 엄청난 압력 속에 살고 있을지도 모릅니다. 이 거대한 심해에 사는 생물들은 해양 먹이사슬에서 필수적인 연결 고리를 구성합니다."[24] 해양생물의 다양성은 신기하고 경이로울 뿐만 아니라, 복잡한 현대의 환경 문제·건강 문제·공학적 문제들을 해결하기 위한 엄청난 가치를 지니고 무한한 교훈을 얻을 수 있는 창고이다.

우리는 해양의 거대한 생물 다양성에 대해 거의 이해하지 못하고 있지만, 한 가지 분명한 것은 이 많은 생명체가 심각하게 위협받고 있다는 것이다. 해양생물 남획에서 인간 활동에 따른 기후변화까지 수온과 수소이온농도(pH) 수치에 영향을 미치고 있고, 그 범위 또한 엄청나다. 인간의 영향이 미치는 거리, 실제로 도시가 해양에 영향을 미치는 범위는 먼 바다의 해수 표면에서 약 91미터 또는 더 깊은 곳에 이른다.

하지만 자연적 한계 때문에 인류는 일반적으로 우리가 이 외딴 해양생물들에게 어떤 영향을 미치고 있는지 확인하는 것은 어렵고, 도시 생활이 심해 해양 서식지처럼 외딴곳에 어떤 영향을 미치고 있는지도 이해할 수 없다. 거대도시에 사는 사람들은 소비 형태와 정부의 정책 결정으로부터 가장 큰 영향을 받는다. 이들과 물리적으로 멀리 떨어져 있고 정서적으로 단절된 해양 서식지에 대한 충분한 관심과 지원을 어떻게 만들어 낼 것인가?

시 정부 차원에서
변화를 만들기 위하여

개인의 참여는 강력한 것이지만, 지역 차원에서는 정부가 주도하고 추신하는 공공정책과 함께 작동해야 하며 국가정책과 국제협약으로 확장되어야 한다. 국제적·민족적 관할권의 역할을 무시하기는 어렵지만, 이 책은 주로 도시 수준에서 작업할 것이다. 왜냐하면, 도시는 개인적 참여와 정책을 모두 다룰 수 있는 특별한 기회를 제공하기 때문이다. 예를 들어, 해양보호구역(MPAs) 설치는 보통 국가와 주 정부를 통해 이루어진다. 하지만 제4장에서 볼 것처럼 해안 도시들은 주변의 수중 생태계를 더 잘 설명하고 보호하기 위해 '푸른 공원'을 설립하고, 토지이용계획을 더 나은 수준으로 확장할 수 있는 기회가 많다.

부분적으로 해수면 상승에 대처하고 기후변화에 적응할 수 있는 보다 더 창의적인 방법을 찾기 위해, 많은 해안 도시들이 바다와 육지의 경계면을 계획하고 설계하는 새로운 방법을 모색하고 있다. 나중에 보게 되겠지만, 일부 도시에서는 그린벨트 개념을 해양에 적용하여 '블루벨트' 개념으로 확장했다. 도시환경이 실제로 더 살기 좋고 환영받을 뿐만 아니라 더 건강한 근해환경을 촉진하는 방식으로 미래에 대한 포괄적인 계획과 전망에 해양의 영향을 포함하기 시작했다.

샌프란시스코, 런던, 싱가포르와 같은 곳의 도시 정부들도 도시 소비와 생활양식이 해양환경에 미치는 영향을 최소화하는 법안을 제정함으로써 긍정적인 본보기가 되고 있다. 비닐봉지 금지부터 상어지느러미 판매금지까지 해양생물에 해를 끼치는 활동을 규제하고 금지해야 할 의무를 늘리고 있다. 이것은 도시 생활과 정부 정책에 대한 블루 어바니즘 접근법의 일부이다.

이 책은 블루 어바니즘의 많은 측면을 탐구할 것인데, 나는 그것이 다양한 형태를 취할 수 있다고 믿는다. 제2장에서는 도시 생활양식과 해양건강의 연계성뿐만 아니라, 해양으로 유입되는 도시 오염 물질과

그림 1-5. 방문객들이 캘리포니아 몬터레이에 있는 몬터레이만 수족관의 전시물을 감상하고 있다.(사진 제
공: 몬터레이만 수족관, 랜디 와일더의 사진)

폐기물을 줄이고 더 많은 재생 에너지를 사용하며, '친환경' 항구를 만
드는 방법에 대해 자세히 살펴볼 것이다. 제3장은 도시 소비 형태의 영
향뿐만 아니라 세계적 어업 운영과 지속 가능한 어업의 새로운 사례에
초점을 맞출 것이다. 제4장과 제5장은 기후변화와 해수면 상승에 대한
복원력을 높이고, 도시 계획 및 보전을 해양환경으로 확대하기 위해 건
물과 공공 공간의 재설계를 검토한다. 마지막으로 제6장과 제7장은 도
시와 해변의 물리적 접촉과 정서적 연결을 위한 새로운 기회를 육성하
고 주민들을 해양 연구 및 복원 프로젝트에 참여시킬 방법을 탐구할 것
이다.

　　뉴욕에서 로테르담에 이르기까지 지금이야말로 해안 도시들이 영해

와 새로운 관계를 탐구하고 실험할 수 있는 풍요로운 시기이다. 도시 해안선을 조수와 폭풍에 대응하고 적응하는 역동적이고 부드러운 해안선으로 재구성하는 것에서부터 도시의 물 가장자리를 차지하고 있는 떠다니는 건물들과 도시들에 이르기까지 수많은 새로운 아이디어들이 연구되고 있다. 이는 이후의 장들에서 검토할 것이다.

오늘날 놀라운 것은 해양에 돌이킬 수 없는 생태학적 피해를 향한 전환점이 하나가 아니라 더 많을 수 있다는 것이다. 그리고 이러한 위협은 종종 도시 인구 및 현대의 개발이 요구하는 것과 관련이 있다. 물론 다음 장에서 살펴보겠지만, 정책수립과 도시개발에 대한 전통적 접근방식을 재고할 수 있는 많은 방법들이 있으며, 우리에게 매우 많은 근본적 혜택을 제공하는 해양환경에 대한 청지기정신의 더 전체론적인 접근방식을 창조할 수 있는 좋은 기회들도 있다.

제2장

도시의 범위

도시 생활양식과 해양건강의 연계

도시 생활이 바다에 미치는 영향은 크고 다면적이다. 해양건강 보호를 정책에 통합하려는 도시는 현재 종종 간과되고 있는 우리 해양의 암울한 상태와 도시인구와 관련된 행동, 소비양식 및 자원 활용의 수많은 연계를 더 잘 설명해야 한다. 인구 밀도가 높은 도시는 소비 행동(작은 집과 아파트에서 운전하는 대신 걷기)을 줄일 수 있는 효율성 향상을 실현하지만, 도시들이 해양건강에 미치는 영향을 줄일 수 있는 기회는 여전히 많다.

더 지속 가능한 도시환경으로의 전환과 결합한 정책 재고와 소비자 행동 개혁은 도시의 범위에 대한 새로운 시각을 필요로 할 것이다. 우리 도시의 지상 지도-인간 공동체, 인구 및 도시 개발지도-는 대체로 해변에서 멈추지만, 부수적인 것과 도시 지원 활동은 환경에 심각한 부정석인 영향을 미치며 그 영향은 수 킬로미터를 넘어서 확장된다. 도시와 해양 사이의 이러한 연계는 '해양 스프롤'의 일종으로 생각할 수 있다. 블루 어바니즘은 기획자, 시민, 정책 입안자들이 현대 도시 생활방식을 지원하는 광범위한 해양의 영향과 이것이 푸른 환경에 덜 해롭도록 수정하는 전략을 검토하도록 장려한다.

이러한 영향들은 폐기물 및 플라스틱의 전통적인 처리, 에너지 및 연료 자원의 생산과 소비, 마지막으로 현대적인 제품 전달체계, 즉 상업적 해운 및 항만이다. 이 장에서 나는 도시와 해양 사이의 오염 집약적이고 자원 소모적인 관계를 다시 생각하는 수많은 방법을 제시한다. 오염을 줄이고, 소모적 영향을 최소화하는 정책을 지원하며, 해양생물이 불필요하게 피해를 보지 않는 방식으로 국제 무역을 수행하는 도시는 해양건강에 크게 기여할 수 있다. 정책 개혁에 더해 창의적인 방식으로 현재 문제를 해결하고자 하는 기업가와 조직을 지원하는 것은 블루 어반 의제의 일부이다.

바다의 오염과
도시 쓰레기

자연자원보호위원회Natural Resource Defense Council가 웹 사이트에서 "우리는 해양을 쓰레기통처럼 취급하고 있다."라고 선언했듯이, 끝없는 물질의 집합과 다양한 폐기물의 흐름이 바다로 흘러 들어간다. 도시의 폐수 배출, 고형 폐기물, 도로와 주차장의 유출수는 아주 일부에 불과하다.

블루 어바니즘은 도시들이 오염과 플라스틱의 유해한 흐름을 막는 조치를 할 의무가 있다고 주장한다. 앞서 논의한 바와 같이, 쓰레기의 흐름과 누적만큼 성가신 해양문제는 거의 없으며, 그것의 대부분이 플라스틱이다. 캘리포니아에서만 매년 약 120억 개에 달하는 비닐봉지가 사용되고 있으며, 이 비닐봉지는 결국 쓰레기 해양환류Ocean gyres of garbage의 일부분이 된다.

샌프란시스코와 같은 도시에서는 이러한 문제를 인식하고 바다거북과 기타 해양생물에게 해를 끼치는 비닐봉지를 금지하는 조치를 했다. 워싱턴 DC와 텍사스 오스틴Austin 같은 전국의 시의회도 그 뒤를 따랐다. 이 금지조치는 소비자 행동을 변화시키고 문제의 심각성에 대한 인식을 높이며 사용되는 비닐봉지의 수를 줄여서 결국 바다에 유입되는 양을 줄이는 데 효과적일 것으로 보인다.

하지만 이미 바다에 있는 수십 년 된 비닐봉지와 다른 플라스틱은 어떻게 해야 하는가? 해양 폐기물은 변화를 가져올 수 있는 직접행동에 도시 인구를 참여시킬 수 있는 분명한 기회를 제공한다. 예를 들어, 매년 열리는 청소행사는 시민들을 긍정적인 행동에 참여시키고 도시 쓰레기 문제가 얼마나 심각한가에 대해 교육할 수 있다. 25년 이상 동안 해양보전단Ocean Conservancy은 이러한 연례행사 중 가장 큰 규모인 국제해안청소International Coastal Cleanup를 조직했다. 2011년 행사에는 거의 60만 명의 참가자가 직접 청소작업에 참여하여, 전 세계 해변과 해안선에서 900만 파운드 이상의 쓰레기를 수거했다.

또한 유사한 해변청소 활동을 조직하는 소규모 지역 기반 공동체 조직들이 많이 있다. 예를 들어, 캘리포니아 산타크루즈Santa Cruz에 있는 우리해안을구하자SOS: Save Our Shores와 같은 해안그룹의 월간 해변(그리고 강) 청소 활동이 있다. 이러한 노력은 사소하게 보일 수 있지만 누적적 잠재력은 그렇지 않다. SOS는 2007년에만 35,000개 이상의 비닐봉지와 34만 개 이상의 담배꽁초를 청소했다고 보고했다!

이는 도시 주민들의 흥미를 끌고, 도시인을 해안과 해양에 연결하여 해양 보존 노력에 직접 참여시키는 의미 있는 방법이다. 그러나 현재

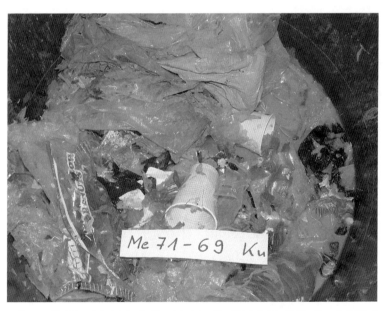

그림 2-1. 지중해 동부에서 해양생물을 찾는 마린 센서스 연구자들이 대신 끌어올린 트롤 쓰레기(사진 제공: Brigitte Ebbe)

문제의 규모가 너무 커서 그러한 노력만으로는 충분하지 않을 것 같다. 도시는 본질적으로 도시 인구와 육상사회가 만든 해양혼란을 청소하는 책임을 받아들이고, 수집 및 청소 활동에 대한 새롭고 창의적인 접근방식을 지원함으로써 주도권을 행사할 수 있다. 해양 폐기물이 도시 에너지를 생성하는 연료로써 수집되고 사용하는 것을 포함하여 대담한 아이디어들이 논의되고 있다.

로스앤젤레스와 같은 태평양 연안 도시들이 도시로부터의 플라스틱과 다른 쓰레기로 가득 찬 거대한 소용돌이 치는 가마솥인 북태평양 환류 내에 위치한 소위 '거대한 태평양 쓰레기 지대Great Pacific Garbage Patch'를 청소하기 위한 계획과 기술을 개발하는 데 앞장선다고 상상해 보라. 약 1억 톤의 쓰레기로 추산되는 이 해양 쓰레기 지대의 광대한 크기와 범위는 도쿄에서 호놀룰루에 이르는 다른 많은 도시들도 그것을 처리해야 할 필요가 있음을 시사한다.

해양 플라스틱을 도시 에너지로?

이 문제를 해결하는 방법에 대한 아이디어가 부족하지는 않지만, 때로는 플라스틱 폐기물을 사용하여 바다에 사람이 거주할 새로운 섬을 만드는 것을 상상한 윔 아기텍처WHIM Architecture의 설계자들처럼 해결 방법이 다소 공상적이다.

이 놀랄 정도로 누적된 쓰레기와 플라스틱을 생산적으로 활용하는 방법을 찾는 것은 하나의 희망적인 방향이다. 만약 우리가 효율적으로 수집할 수 있는 기술을 고안 할 수 있다면, 이를 태우지 않고 도시를 위한 전력원으로 변환할 수 없을까? 도시들은 이러한 유형의 해양 폐기물 정화 및 복구에서 중요한 파트너가 될 수 있다. 아마도 특별한 경우에, 도시들은 이 폐기물로 생성된 대체 연료로 버스 또는 도시 차량의 일부에 전력공급을 약속할 수 있다. 이와 같은 혁신은 해양을 정화하는 동시에 재생 가능한 에너지원으로의 전환을 용이하게 하여, 바다 환경에 대한 가장 심각한 위협을 해결할 수 있다.

이러한 종류의 기회를 정밀하게 탐색하기 위한 몇몇 흥미로운 협력체가 이미 진행 중이다. 2010년 9월 캘리포니아에 기반을 둔 비정부조직(NGO)인 프로젝트케이세이Project Kaisei와 코반타에너지Covanta Energy는 해양 쓰레기를 회수하고 정화하기 위한 자체 협력을 발표했다. 클린턴글로벌이니셔티브Clinton Global Initiative의 지원을 받는 프로젝트케이세이는 태평양 쓰레기를 수거할 것이며, 코반타에너지는 이 쓰레기를 에너지(디젤 연료의 미네랄 형태)로 변환하기 위한 새로운 촉매 기술을 실험할 것이다.

유사한 플라스틱에서 연료로의 구상이 클린해양프로젝트Clean Oceans Project에 의해 수행되고 있다. 이 조직은 플라스틱을 경질유로 변환하기 위해 '하이브리드 열분해hybrid pyrolysis' 과정을 사용하는 진화과학체계 TMEvoluscient Systems™를 장려한다. '플라스틱 물질은 가열, 액화, 가스화 및 분해된 다음 혼합된 경질 원유로 분리된다.'[1] 거대한 해양 지역에서 플라스틱을 수집하는 것은 특히 어려운 작업이지만 현재 많은 회사들과 발명가들이 이를 수행하는 방법에 대한 아이디어를 개발하고 있다. 현재 이 해양 쓰레기의 수집 및 처리 방법(또는 에너지로 변환될 수 있는 곳에서 수집)을 어떻게 실제로 시작할지에 대한 많은 기술적 아이디어가 존재한다. 우리가 생각하는 것보다 더 가까이 있을 수 있으며, 그리고 도시들은 대서양 및 태평양 쓰레기 지대를 정화하기 위한 이러한 새로운 기술과 아이디어를 지원해야 한다.

한 가지 재미있는 아이디어는 드론을 사용하는 것인데, 여기에는 몇 가지 흥미로운 디자인이 있다. 예를 들어, 바다 드론은 입을 벌린 고래상어 모양이다. 수중에서 장기간(최대 2주) 작동한 후 선박 기지로 돌아가 수집된 쓰레기를 비울 수 있도록 설계되었다.

보다 구체적으로, 바다 드론은 '플라스틱 포획 그물을 견인하는 자율 전기 자동차로 묘사된다. 그물은 수집되는 쓰레기의 무게 균형을 맞추기 위해 원형 부표로 둘러싸여 있다. 성가신 음파 송신기annoying sonic transmitter를 통해 물고기와 다른 생물이 그물 입구로 들어가는 것을 막고, 음파 탐지기를 사용하여 다른 드론 및 기지국과 통신한다.'[2]

쓰레기 수거 드론의 또 다른 유사한 버전은 독일 발명가 랄프 슈나이더Ralph Schneider의 아이디어이다. 플로팅 호라이즌Floating Horizon이라고 불리는 이것은 '로봇 트롤 어망'에 가깝다.[3]

전쟁 및 군사적 사용과 밀접히 관련된 드론 기술이 이 같은 복원을 위해 활용될 수 있다는 사실은 흥미로운 일이다. 이들 아이디어와 그 밖에 많은 혁신적인 아이디어는 향후 몇 년 동안 육성되어야 하며, 자금 및 배치에서 도시의 도움을 요구할 것이다. 이런 종류의 창의적 사고는 우리 바다에 의도적으로 버려지거나 의도하지 않게 방치된 쓰레기의 양에 대처하는 것과 같은 중대한 지구적 문제를 해결하는 유일한 방법일 수 있다.

푸른 도시의
작동

에너지 생산에 대한 주요 접근방식으로서 화석연료를 태우는 것에 대한 인간의 의존은 오염 물질 발생과 유출, 그리고 기후변화의 영향과 함께 바다와 해양환경에 상당한 영향을 미쳤다. 기후변화와 해수 온도 상승은 이미 해양 생태계와 생물군을 황폐화하고 있다. 지난 100년 동안 해양 수은 수준이 두 배로 증가한 것은 주로 석탄을 태워 전기를 생산한 결과이다. 이것은 재생 에너지 기술로의 전환이 필요하다는 추가적인 증거이다.

딥워터 호라이즌 유출사건에서 명백히 드러난 것처럼, 우리의 석유 의존성은 해양에 심각한 영향을 미치는데 이는 주유소의 연료 시장가격에 포함되지 않거나 고려되지 않는 부정적 외부효과이다. 여러 가지 이유에서 도시는 자동차와 자동차에 의한 이동성에 대한 의존에서 벗

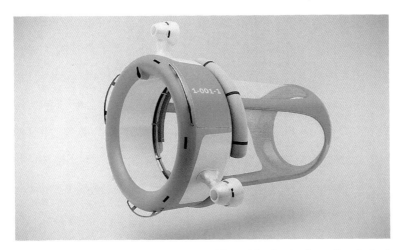

그림 2-2. 바다 드론(사진 제공: Elie Ahovi, Adrien Lefebvre, Philomène Lambaere, Quentin Sorel, and Benjamin Lemoal)

어날 필요가 있으며, 특히 미국 도시들이 그러하다. 재생 에너지가 경제적으로나 기술적으로 큰 발전을 이루었음에도 불구하고, 결과가 어떻든 간에 발견될 수 있는 모든 곳에서 단순히 더 많은 석유를 찾으려는 욕망이 전 세계 많은 이들에게 남아있다. 더 많은 유출과 온실가스 배출의 전망이 나오며 석유와 가스에 대한 이 같은 끝없는 추구는 근시안적이다.

최근 심해저 퇴적물에서 메탄 하이드레이트를 채취하는 구상이 탄력을 받고 있다. 이러한 매장지의 극단적인 위치(그리고 추가적인 세계 탄소 배출에 기여할 가능성)는 가속화된 기존 해저의 석유와 가스를 고려해야 하므로 주의할 필요가 있음을 시사한다. 해저 석유 및 가스를 찾기 위해 지진 공기총seismic air guns을 사용하는 것은(각 폭발이 제트 엔진의 굉음보다 10만 배 더 큰 것으로 추정됨) 아무 곳이나 천공하는 사고 방식의 잠재적인 부정적 영향 중 하나이며, 오세아나Oceana와 같은 보호 단체에 의해 강한 비판을 받고 있다. 오세아나의 추정에 따르면 이 같은 시험기술만으로도 약 14만 마리의 고래와 돌고래들을 위협할 수 있다.[4]

자동차 의존으로 인한 보건·환경·경제적 비용은 상당하다. 미국공중보건협회American Public Health Association의 2010년 보고서는 비만, 대기 오염, 교통사고 등 자동차 의존 사회의 건강 관련 비용을 정량화하려고 시도했고, 불완전하지만 이러한 '숨겨진 비용'은 놀랍도록 높은 수준이다. 예를 들어, 이 비용은 오염으로 연간 800억 달러, 교통사고로 연간 1,800억 달러에 달한다.[5] 그리고 해양에 대한 환경적 영향을 포함하여 많은 것들이 이 계산에서 제외되었다.

해양건강에 대한 이점은 대중교통, 자전거, 보행과 같은 에너지 절약형 교통과 이동성에 투자하는 도시정책의 보상으로 거의 인용되지 않지만, 그들 사이에는 관련성이 존재한다. 이는 자동차 의존도를 줄이기 위해 도시에서 발견되는 밀도를 활용하는 또 다른 이유이다.

물론 도시가 에너지 소비와 화석연료 배출량을 줄여 해양건강에 더욱 기여할 수 있는 다른 방법이 많이 있다. 여기에는 건물에 더 엄격한 에너지 표준을 채택하고 조명과 관련된 도시 에너지 사용을 줄이는 것이 포함된다. 특히 해안환경에서는 바다거북의 부화에 방해가 되는 외부조명을 줄일 만한 충분한 이유가 있고, 이미 많은 해안 마을과 도시에는 허용 조명을 제한하는 조례가 있다. 보전 및 에너지 사용 감소 조치와 함께, 도시는 석탄발전전기 및 기타 '더러운' 전력원에 대한 대안을 추구해야 한다. 도시와 도시 생활에는 에너지를 많이 낭비하는 빌딩 그리고 자동차에 의존하는 교통체계와 함께 많은 양의 에너지가 필요하다. 더욱이, 도시 생활과 경제는 해양 및 지상 생태계에 심각한 피해를 주는 탄소 집약적 비재생 에너지에 의한 대규모 연소를 계속한다. 블루 어반 도시는 보다 지속 가능하고 재생 가능한 방법으로 에너지를 생성하는 특별한 역할을 인지할 뿐만 아니라, 해양환경을 보호하고 유지하는 에너지 체계를 찾기 위한 의미 있는 에너지체제로의 수정을 추구한다. 에너지체제를 의미 있는 방식으로 수정하려는 도시이다. 필요한 것은 총체적인 접근방식인데, 블루 어바니즘은 에너지 사용 감소를 우선시하고 해양건강에 해를 끼치지 않는 재생 가능 자원 개발을 적극적으로 지원할 필요성을 이해하고 있다. 실제로 해양은 파괴적인 화석연료에서 벗어나 이러한 전환의 많은 부분을 실행하는 데 도움을 줄 수 있다.

바람 부는 바다의 힘

풍력 에너지는 최고의 재생 가능 에너지 기술로 부상했으며, 바다에 위치한 풍력 단지가 점점 보편화되고 있다. 뉴질랜드의 웰링턴Wellington

61

과 같은 해안 도시는 바람으로부터 많은 양의 에너지가 생산되고 해안 언덕과 지형으로 아름답게 조각되어 해안 휴양을 위한 새로운 기회를 제공할 수 있다는 점을 설득력 있게 보여준다. 웰링턴의 웨스트 윈드_{West} Wind 농장에는 매년 뉴질랜드 7만 가구 이상의 수요를 충족시키기에 충분한 전력을 생산하는 61개의 터빈이 있다. 터빈 중에는 등산객과 산악자전거를 타는 사람에게 새로운 접근성을 제공하는 3개의 주요 산책로가 있다.[6]

연안입지는 특히 빠른 풍속이라는 점에서 육상 풍력 단지에 비해 많은 중요한 이점을 가지고 있다. 풍력 에너지가 더 선진화된 산업이 되면서 터빈은 점점 더 커지고 있으며 해안에서 멀리 떨어진 더 깊은 수역에 있다. DONG 에너지DONG Energy의 건플릿샌즈Gunfleet Sands와 같은 프로젝트는 큰 터빈의 가능성과 이러한 프로젝트에서 제공할 수 있는 많은 양의 에너지를 보여준다. 영국에 에섹스Essex 해안의 클랙턴 온 씨 Clacton On Sea에서 7킬로미터 이상 떨어진 곳에 있는 건플릿샌즈는 48개의 터빈(각 3.6메가와트)에서 약 172메가와트 또는 약 125,000가구에 충분히 공급할 수 있는 전력을 생산할 것으로 예상된다.[7]

소위 런던어레이London Array라는 야심찬 프로젝트가 2013년 7월 데이비드 캐머런 총리에 의해 시작되었다. 템스강 하구에 위치한 이 해상풍력단지는 완공되면 약 175개의 터빈으로 구성된다. 이 프로젝트는 바람부는 바다의 잠재력을 더욱 극적으로 보여준다. 이는 거의 50만 가구가 해상풍력단지에서 생산되는 전력을 사용할 수 있다!

그림 2-3. 연안 풍력터빈(사진 제공: Andy Beeson)

유럽은 건플릿샌즈 및 런던어레이와 같은 프로젝트를 통해 해상풍력의 폭발적인 증가를 목격했으며 매년 계속 증가하고 있다. 2012년 기준으로, 유럽 10개국에 55개의 해상풍력 단지가 있다. 영국은 약 20개의 해상풍력 단지로 주도했다.

물론, 해상풍력에 논란이 없는 것은 아니다. 매사추세츠의 케이프윈드Cape Wind프로젝트는 해양공간에 대한 바람직하지 않은 시각적 영향으로 상당한 저항에 직면했다. 시각적 영향에 대한 유사한 우려는 육상장소에서도 많이 발생한다. 그렇긴 해도, 많은 도시 해안 지역에서 섬세한 부지 및 배치는 이러한 우려의 많은 부분을 해결할 수 있다.

부유식Floating 풍력터빈은 이러한 문제를 해결할 가능성을 제공한다. 2013년 여름, 메인Maine 해안에 약 18미터 구조의 부유식 터빈 프로토타입이 설치되었다. 이 가능성은 메인대학교University of Maine가 주도하는 컨소시엄 딥-씨윈드Deep-Cwind 프로젝트에서 해상풍력에 대한 시각적 우려를 극복하기 위해 부유식 풍력 단지가 해안에서 약 32킬로미터 떨어져 있다는 점이다.[8]

해상풍력과 관련된 업계가 빠른 바람, 그리고 해안에서 더 먼 거리에 있는 위치를 찾고 있기 때문에, 미래는 부유식 풍력 에너지 중 하나일 가능성이 높다. 이것이 바람직하다 해도, 최근 한 무역잡지는 '부유식 구조물에 풍력터빈을 설치하는 것은 간단하지 않다'라고 강조했다.[9] 설계 문제는 도전적이다(예: 바다의 움직임에 의해 생성되는 동적 하중을 적절하게 처리할 수 있는 부유식 구조를 설계하는 방법). 그런데도, 풍력 에너지와 해양 기반 재생 에너지는 전통 어업의 쇠퇴를 경험하여 심각한 피해를 본 해안 지역사회에 일자리를 제공할 잠재력이 있다. 주요 연구들은 이러한 새로운 해양 에너지 기술과 관련된 매출이 수십억 달러에 이를 수 있다고 제시한다.

해양으로부터 재생 가능한 에너지

바다와 해양환경은 점차 새롭고 방대한 청정 에너지원을 활용할 수 있는 장소로 인식되고 있다. 최근 바다유체동력MHK: marine and hydrokinetic 에 너지-파도, 조수 그리고 해양과 강의 조류로부터 생산된 에너지-에 대한 미국 에너지부Department of Energy 위탁 평가는 에너지 생산 잠재력이 엄청나다는 결론을 내렸다. 미국의 연간 총 전력 소비량은 약 4천 테라 와트-아워이며, 미국에너지부에 따르면, '최대 이론적 발전량'은 이 총 계의 절반 이상으로, 이는 바다 유체동력 기술이 국가에너지 수요의 상당 부분을 제공할 수 있음을 시사한다.

미국 서부해안(특히 알래스카)의 큰 파도 잠재력, 그리고 동부해안의 거대한 조력을 포함한 잠재력은 해안 전체에 걸쳐 다르다. 풍력 및 태양에너지와 같은 재생 에너지와 비교할 때, 조력 및 파력 기술은 아직 초기 개발 단계에 있지만, 규모의 확장과 상용화를 위한 개발은 빠르게 진행되고 있으며, 미국에너지부는 이러한 신기술을 지원하기 위해 중요한 자금을 제공하고 있다.

이미, 주요 프로젝트가 연안 및 해수에 배치되고 있다. 예를 들어, 오리건Oregon 해안에서 약 4킬로미터 떨어진 곳에서는 상하운동으로 에너지를 생산하는 새로운 종류의 에너지 생산 부표가 사용되고 있다. 이 기술을 개발하는 회사는 OPT(해양전력기술)이며, 이 계획은 마크 3 파워부이Mark 3 PowerBuoy로 구성된 '1.5 메가와트 그리드 연결 파도 공원gridconnected wave park'을 건설하는 것이다.[10] 각 부표는 150킬로와트의 에너지 생산 기계이며 이 연안 설비는 약 1,000가구가 사용할 수 있는 충분한 전력을 생산할 것으로 예상된다.[11]

2012년, OPT는 미국연방에너지규제위원회(FERC)로부터 허가를 받아 풍력 단지를 완전하게 건설할 수 있게 되었다. 우리는 이와 같은 더 많은 공원을 보게 될 것이며, OPT는 이미 마크 4 파워부이Mark 4 PowerBuoy를 작업하고 있으며 각 부표에서 많은 에너지 생산을 약속하고 있다. 콜롬비아전력기술Columbia Power Technologies에서 개발 중인 소위 씨레이SeaRay와 해양재생전력Ocean Renewable Power Company에서 개발하고 조력을 포착하도록 설계된 메인Maine, 이스트포트Eastport의 티드젠TidGen 프로젝트를 포함하여 파도 에너지를 포착하기 위한 많은 새로운 기술이 개발 중에 있다.

버던트전력Verdant Power Inc.은 조수 및 강의 조류 힘을 활용하는 또 다른 유망한 에너지 기술을 개발하고 배치하고 있다. 루스벨트아일랜드타이달에너지Roosevelt Island Tidal Energy(RITE) 프로젝트는 2008년부터 개발 중이며 2012년 1월에 FERC로부터 허가를 받은 미국 최초의 조력 발전 프로젝트가 되었다. 이 기술에는 롱아일랜드 사운드Long Island Sound와 뉴욕 항구 사이에 위치한 이스트 리버East River 지역에 수중 터빈 설치가 포함되며, 계획은 2015년까지 30대를 설치하는 것이다. 이 터빈들은 뉴욕 9,500가구들에 공급할 수 있는 약 1,050 킬로와트의 전력을 생산할 것이다. 초기 실험은 터빈 블레이드의 내구성이 충분하지 않았기 때문에 버던트전력은 내구성과 효율성 모두를 더욱 높게 재설계했다.

그리고 바다의 풍부한 에너지를 활용할 수 있는 또 다른 방법이 있다. 거대 조류인 해조류에서 바이오 연료를 생산하는 것도 또 다른 선택이다. 해조류 수확은 아주 오래된 관행이지만, 이 재생 가능한 해양자원으로부터 지속 가능하게 바이오 연료를 채취하는 구상에 새로운 관심을 보인다. 노르웨이와 아일랜드에서는 이전 양식장에서 해조류를 키우고 수확하는 가능성을 탐구하기 위한 시험 프로젝트가 이미 진행 중이다. 식량 생산과의 경쟁(에탄올 제조) 및 서식지 파괴(예: 팜유의 경우)를 포함하여 육상 기반 바이오 연료 생산은 명백한 단점이 있다. 해조류 바이오 연료를 옹호하는 사람들은 해조류 바이오 연료가 이와 같은 제약을 받지 않으며 종종 바다 환경을 회복시킬 수 있다고 주장한다.[12]

또한, 해안 도시 근처의 많은 작은 하천과 배수로에 적용될 수 있는 소규모 수력에 대한 새로운 접근방식이 개발되었다. 일부 새로운 소규모 수력 프로젝트는 아르키메데스Archimedes 나사를 창의적으로 활용하여 전력을 생성한다. 물은 나사 상단으로 들어가 내리막길에 나사를 돌려 전기를 생산하는 발전기를 돌린다. 이것은 부드러운 수직 낙하를 활용하는 독창적인 접근방식이며 해안 부지에 설계되고 세밀하게 '맞춰'질 수 있다(아르키메데스 나사의 크기와 길이는 특정 상황에 맞게 맞춤설계할 수 있음). 이러한 형태의 소규모 수력 발전은 설계방식이 어류의 움직임을 방해하지 않는지 확인하기 위한 주요 실험과 함께 영국의 여러 지역에서 활용되고 있다. 그리고 이러한 실험들은 어류가 나사를 통해 자유롭게 움직일 수 있음을 시사한다.[13] 이 소규모 수력은 적용할 수 있는 무한한 가능성이 있으며, 심지어 빗물 유출수와 주기적인 해안 범람을 이용하여 나사를 돌릴 수도 있다.

스톡홀름과 같은 일부 해안 도시는 또 다른 재생 에너지 전략으로 건물 냉각을 위해 바닷물을 사용하고 있다. 최근 극적인 예는 현재 발트해의 물로 서버를 냉각하여 화석연료로 생성되는 에너지를 줄이고 회사의 에너지 비용을 연간 약 100만 달러 절약하는 새로운 인터시온 Interxion 데이터 센터에서 볼 수 있다.[14]

블루 어바니즘은 도시, 특히 해안 도시가 이와 같은 새로운 에너지 기술을 개발하고 배치하는 데 있어 매우 긍정적인 역할을 할 수 있다는 인식을 필요로 한다.

항만과 해운을
다시 생각하자

현대 도시는 모든 종류의 물자, 상품 그리고 제품의 주요 소비지이며, 이러한 의미에서 도시의 확장된 발자국은 선박 및 컨테이너선이 바다를 가로지르는 꾸준한 물자 흐름에서 분명하게 나타난다. 세계 경제 상업용 상품 이동의 약 90%는 선박으로 이루어진다.[15] 그리고 이 중 대부분은 컨테이너 운송이다. 약 55,000척의 상선이 해양을 항해하고 있

으며, 그중 6,000척은 초대형 컨테이너선이며 선단과 해상화물의 흐름은 계속 증가하고 있다.[16]

2013년 6월 머스크라인Maersk line의 트리플Triple-E 선박이 최초로 완성되면서, 이러한 선박들은 계속 커지고 있다. 라인 창립자 이름을 딴 세계에서 가장 큰 선박인 맥키니 몰로Mc-Kinney Møller는 무려 18,000 TEU 컨테이너를 운반할 수 있다.[17] 세계 해운 노선에 대한 세계지도의 여러 버전 중 하나를 본 사람은 누구든지 상업 운송의 공간적 범위에 깊은 인상을 받을 것이다. 이 노선 너머에는 광대한 해양 영역이 있지만, 세

그림 2–4. 뉴저지 항구 엘리자베스 터미널에 쌓인 해상운송 컨테이너들(사진 제공: Captain Albert E. Theberge, NOAA Corps [ret.])

계지도는 전 세계적으로 소비자와 도시를 연결하는 시각적으로 두드러진 노선망을 보여준다. 이는 보다 일반적으로 이해되는 육상 도로와 고속도로를 끼고 있는 운송 연결망이다.

해운에 대한 현재의 접근방식은 해양과 해안 기반 항만이 위치한 지역사회 모두에 해를 끼친다. 그러나 해양건강을 염두에 두고 해운 및 항만 운영을 수정할 수 있는 방법은 여러 가지가 있으며, 지방 항만 당국과 기타 도시기관이 그것을 주도할 수 있다.

항구도시의 항구는 전통적인 항만 운영을 재고하고 해운 관행을 수정하여 해양 영향을 줄일 수 있는 중요한 기회를 종종 갖는다. 예를 들어, 한 가지 중요한 변화가 북대서양 참고래에 도움이 되었다. 겨우 350마리로 추정되는 이 고래들은 그들의 이동 경로를 방해하는 해운 항로들에서 선박과의 치명적인 충돌로 인해 많이 죽었다. 참고래와의 치명적인 충돌을 줄이기 위해 도시를 오가는 해운 노선은 조정될 수 있다. 이러한 조정은 2009년 보스턴 항구로 이어지는 남북 해운 노선이 충돌을 줄이기 위해 변경되고 제한되었을 때 일어났다(제1장에서 언급했듯이, 최근 샌프란시스코에서도 해운 항로가 변경되었다). 해운 노선 및 속도 제한의 변경은 폐사율을 줄이기 위해 많은 노력을 해왔지만, 이러한 조치는 그러한 변화의 잠재적인 경제적 영향을 우려하는 해운회사 측과 항만 당국에 의해 자주 반대에 부딪혔다.

해운 노선을 변경하는 것 외에도 보트의 속도를 줄이면 해양생물에 대한 이점이 있다. 최근의 노력은 중요한 먹이와 번식 연안, 소위 계절

관리 구역에서 특정 크기 이상의 보트에 속도 감소 의무를 부과(새로운 NOAA 규칙을 통해)하는 것이다.

상업용 선박의 녹색화

도시를 오가는 상품과 물자의 거대한 흐름은 이러한 흐름을 제공하는 선박과 해운 산업을 근본적으로 녹색화해야 할 필요성을 제기하는 블루 어반 도시에서 재구성될 수 있다. 이와 같은 변화는 중요한 방식으로 바다에 큰 이익이 된다. 선박의 상당한 탄소 발자국(현재 총 이산화탄소 배출량의 3~4%를 차지하고 2020년까지 6%까지 증가할 것으로 예상[18])과 더러운 벙커 연료에 대한 역사적 의존은 지금 긍정적인 변화의 가능성을 암시한다.

이미, 주목할 만한 연비 개선은 새로운 세대의 컨테이너 선박에서 볼 수 있다. 머스크는 느린 속도를 위한 설계, 새롭고 더 효율적인 엔진 체계, 그리고 폐열 회수체계를 포함한 맥키니 몰로의 개선으로 컨테이너 당 이산화탄소 배출량을 50% 감소시킨다고 주장한다.[19] 그리고 이 새로운 선박은 재생이 가능하게 설계되었다.[20]

선박의 연비 개선은 중요한 단계이지만, 해운업계가 환경 이력을 개신할 수 있는 다른 방법이 있다. 해양 선박에 동력을 공급하는 연료 유형을 변경하는 것이 한 가지 방법인데, 여기에 몇 가지 흥미로운 발전이 있었다. 대부분의 선박 엔진은 대형 디젤엔진으로 구동되며 상대적으로 더러운 '벙커 연료'를 태워서 높은 수준의 이산화질소와 이산화황 배출을 초래한다.

미 해군과 해운회사인 머스크(1,300척의 선박을 보유한 가장 큰 상업용 선박 선단)는 단세포 조류로 만든 바이오 연료의 활용을 공동으로 시험해 왔다. 이는 잠재적으로 비용을 절약할 수 있고 벙커 연료와 혼합하여 대기 오염 물질과 온실가스 배출량을 줄일 수 있다.[21]

아마도 화석연료에 덜 의존하고 재생 에너지에 더 많이 의존하는 해운 산업 또는 적어도 해운 산업의 일부를 훨씬 더 극적으로 재구상하는 것은 가능할 것이다. 특히 3천 톤에서 1만 톤 규모의 중형 선박을 위한 새로운 기술개발과 함께 해운 분야에서 풍력과 항해력의 흥미로운 르네상스가 있었다. 항해체계의 설치를 통해 연비를 크게 향상할 수 있으며, 현재 몇 가지 주요 상용 제품을 사용할 수 있다. 함부르크에 본사를 둔 스카이세일SkySails은 2011년부터 가장 오랫동안 선박용 항해 연sail kites을 생산해 왔다. 이 기술은 예인줄이 있는 대형 연을 포함하는 풍력 추진체계로 구성되며, 일단 배치되면 선박의 에너지를 크게 절약할 수 있다.

마찰을 감소시켜 결국 에너지 소비를 줄일 수 있는 새로운 선체 설계도 있다. 이 분야에서 도움이 될 수 있는 특히 흥미로운 생체모방기술 사례에 있어, 독일의 연구자들은 물 양치류Salvinia molsta가 그들 자신과 물 사이에 '공기 덮개'를 만드는 능력에 영감을 받았다. 그들은 작은 털의 체계를 통해 이것을 실현했다. 선박에 대한 아이디어는 일종의 '생체공학적 코팅'을 통해 유사한 조건을 만들어 '공기의 외피 속에서 물을 통과할 수 있도록' 하는 것이다.[22] 이러한 선체 설계는 연료 소비를 10%까지 줄일 수 있다.[23]

『뉴욕타임스』에 기고한 존 게이건John Geoghegan은 해운의 에너지 효율성을 높이기 위해 다양한 방법이 고려되고 있다고 지적한다. 게이건은 다음과 같이 썼다: '바람은 비용과 배출량을 줄이기 위해 고려 중인 여러 기술적 해결책 중 하나이다. 여기에는 벙커 연료를 액체 천연가스로 대체, 선체 설계의 간소화, 배기 집진기scrubbers 또는 더욱 천천히 스티밍steaming하는 것이 포함된다.'[24]

풍력 해운 선박 재발견의 또 다른 최근 사례인, 도쿄에 본부를 둔 그린하트프로젝트Greenheart Project는 작고 낙후된 항만 도시들에 적용할 수 있다. 이 프로젝트는 바람과 태양에 의해 구동되는 소형범선 장려를 위해 노력한다. 그들은 이런 선박의 프로토타입을 개발했고, 곧 선박을 건조하고 전 세계 항해를 시험할 것이다. 이 작은 선박은 같은 기간에 개발 중인 거대한 머스크 맥키니 몰로와 비교할 때 해양 무역에 대한 상당히 대안적인 비전을 상징한다. 그린하트 선박은 다리 아래로 항해할 수 있도록 접을 수 있는 돛대로 설계되었으며, 얕은 흘수를 통해 기존의 선박이 갈 수 없는 장소(심지어 해변에 착륙할 수도 있음)에 접안할 수 있다. 이 배는 훈련선 역할도 할 것이며 소기업이 생산한 지역 상품을 운반할 것이다.[25]

녹색 도시항만의
비전을 향해

　현대 항만 근처의 공기 질과 생활 조건은 독성이 있고 건강에 좋지 않은 것으로 악명 높다. 항만 주변의 물도 마찬가지로 오염되었다. 더 깨끗한 연료로 전환하고 선박이 항만에 있는 동안 대기 및 수질 오염 물질과 배출물을 줄이고, 관련 트럭을 보다 에너지 효율적이고 오염이 덜한 차량으로 전환함으로써, 대규모 도시항만 운영은 지역 생활 조건을 개선함과 동시에 광범위한 바다와 해양 영향을 줄일 수 있는 잠재력을 갖는다.

　로스앤젤레스와 롱비치의 경우처럼 때때로 항만의 녹색화를 위한 지도력은 정부로부터 비롯되는 반면, 다른 경우에는 해양산업이 한 발 앞서 나간다. 후자의 예는, 오대호Great Lakes와 세인트로렌스 수로St. Lawrence Seaway에서 녹색항만을 촉진하기 위해 최근 시작된 녹색 바다Green Marine 협력체이다. 이 구상에 따라, 녹색 기준에 근거해 자발적으로 발전하는 항만들은 2009년 클리블랜드-코야호가카운티항만청Cleveland-Cuyahoga County Port Authority이 한 것처럼 인증을 획득할 수 있다. 해양산업 파트너와 협력하여 푸른 도시의 항만 및 항만 당국은 전 세계 해양건강을 위해 거대 해운 산업을 개혁하는 많은 일을 할 수 있다.

　캘리포니아주 롱비치는 녹색항만 아이디어와 전략을 개척하는 데 앞장서 왔으며, 2005년 1월에 포괄적인 녹색항만정책Green Port Policy을 채

그림 2-5. 뉴질랜드 픽턴 항구의 한 구역(사진 제공: 저자)

택했다.[26] 이 정책은 5가지 지침과 6가지 '기본 프로그램 요소들'을 가지고 있다(표 2-1).

대기 오염 감소

롱비치 녹색항만 정책은 여러 프로그램과 구상에 의해 실행되었다. 여기에는 화물을 내륙으로 옮기는 데 사용되는 트럭 및 기타 차량뿐만 아니라 접안된 선박에서 발생하는 대기 오염 물질을 줄이기 위한 새로운 노력이 포함된다. 항만의 성공적인 클린트럭프로그램Clean Trucks Program 은 이미 대기 오염 물질을 크게 줄였으며, 이는 2010년 기준으로 80% 감소한 것으로 보고되었다. 항만은 규제와 경제적 보상의 조합을 통해 이러한 감소를 달성했다. 2010년에는 오염 배출 엔진을 가진 트럭(2003 년보다 오래된 엔진이 장착된 트럭)을 금지했으며, 2012년에는 더 엄격한 2007년 배기가스 배출 기준을 충족하지 못하는 트럭을 금지했다.[27]

〈표 2-1〉 롱비치 녹색항만 정책

기본 원칙들:

- 항만 운영의 유해한 환경 영향으로부터 공동체 보호
- 환경 관리 및 규정 준수의 리더로서 항만을 확인
- 지속 가능성 장려
- 사용 가능한 최상의 기술을 사용하여 환경 영향을 피하거나 감소
- 공동체 참여 및 교육

기본 프로그램 요소들:

- 야생생물- 수중 생태계와 해양 서식지를 보호, 유지 또는 복원
- 공기- 항만 활동으로 인한 유해한 공기 배출 감축
- 물- 롱비치 항구 수질 개선
- 토양/퇴적물- 항구지구Harbor District에서 오염된 토양 및 퇴적물의 유익한 재사용을 위한 제거, 처리 또는 정화
- 공동체 참여- 항만 운영 및 환경 프로그램에 대해 공동체와 상호 작용하고 교육
- 지속가능성- 항만 전체에 걸쳐 설계와 건설, 운영과 행정 실행에서 지속 가능한 관행 구현

항만의 클린트럭 웹 사이트에 따르면: '오늘날, 항구 터미널에 서비스를 제공하는 사실상 모든 11,000대의 운반 트럭은 2007년 또는 최신 모델이다.'[28]

항만의 대기 오염을 줄이기 위한 경제적 보상은 항만에 접근하고 출발하는 동안 엔진에 저공해 연료를 사용하는 데 동의한 선박 운영자에게 수백만 달러를 지급하는 항만의 저유황연료보상프로그램Low Sulphur Fuel Incentive Program을 통해 제공되었다.

항만은 녹기보상프로그램Green Flag Incentive Program을 운영하고 있으며 이에 대해 매년 수백만 달러를 지출했다. 이 프로그램에 따라, 선박은 항구를 오가는 속도를 조절하여 연료 소비와 대기 오염 물질을 줄이는 데 도움이 되는 경제적 보상을 제공받는다. 시간이 지나면서 접안 선박이 디젤엔진을 끌 수 있는 전기 시설("콜드 아이언"이라고 함)을 설치하면 산화질소, 이산화질소 및 미립자 배출을 크게 줄일 수 있다. 이 항구는 방문하는 선박에 대해 100% 콜드 아이언을 목표로 하고 있다.

대기오염 물질은 화물 이동 장비에서도 또한 발생할 수 있으며, 여기에서도 마찬가지로 롱비치 항만은 구형 견인차locomotives와 연료를 태우고 해당 지역에 심각한 공기 오염을 유발할 가능성을 가진 다른 항만 장비뿐만 아니라, 청정연료를 사용하고 촉매 오염 제어장치를 포함하는 장비를 사용한다.

그리고 도시항만이 블루 어반 의제를 지원할 수 있는 다른 방법이 있을 수 있다. 나와 가족이 한동안 살았던 서호주의 오래된 항만 도시

프리맨틀Fremantle에는, 이 도시의 유산과 역사의 주요 부분임에도 불구하고 현대의 포경 관행에 대한 분노감이 있었다. 당시 프리맨틀 시장인 피터 타글리아페리Peter Tagliaferri는 이 번잡한 항만의 근해에서 일본 포경선을 금지하기까지 했다. 당시에는 상당히 이례적인 조치였지만 주민들의 강한 의견을 분명하게 반영한 조치였다. 시장은 개인적 차원에서 강한 문제의식을 느꼈지만, 그는 또한 많은 유권자들의 감정을 충실하게 대변했다. 그리고 실제로 호주는 고래의 역사에도 불구하고 포경에 반대하는 가장 강력한 목소리를 내고 보다 광범위하게 해양 보전을 대표하는 국가 중 하나로 부상했다.

최근 몇 년 동안, 프리맨틀은 여러 가지 방법으로 포경에 대한 불허를 계속해서 확대해 왔다. 타글리아페리 시장은 재임 중 일본 도시의 시장들에게 편지를 보내 새로운 포경 제한에 대한 지원을 요청했으며, 2006년 프리맨틀은 반포경선 페어리 모와트Farly Mowat(이러한 지정이 주어진 항만 역사에서 단지 두 번째 선박)에 관한 '모항home port' 지위를 지정했다.[29] 프리맨틀은 포경 역사가 있는 항만 도시가 어떻게 해양을 대표하는 선도자가 될 수 있는지를 보여주었다.

레크리에이션 마리나

레크리에이션 보트 선착장도 마찬가지로 보다 지속 가능한 방향으로 전환함으로써 도움이 될 수 있다. 시카고 도시공원지구는 최근 '세계에서 가장 에너지 효율적이고 친환경적인 마리나'로 ISSInternational

Superyacht Society 파비앙쿠스토블루상Fabien Cousteau Blue Award을 수상했다.[30] 2012년 5월에 완공된 도시의 31번가 항구에는 약 5만8천 제곱미터의 녹색 옥상, 지역난방, 정수 배관 기능, 자생식물 활용을 포함한 다수의 인상적인 녹색 그리고 지속 가능한 기능들이 있다.

도시의 항만 또는 항구가 지속 가능한 것으로 간주되고 블루 어바니 즘의 사례가 될 수 있는 다른 방법은 무엇인가? 또한 부정적 환경 영향 을 의식한 항만은 지역 해양 서식지에 대한 부정적 영향을 최소화하거 나 보상책임을 이행할 수 있다.

예를 들어, 롱비치 항만은 해안 및 바다 서식지 복원 작업을 지원 하는 데 매우 적극적이다. 볼사치카습지복원프로젝트Bolsa Chica Wetlands Restoration Project를 지원하기 위해 1,100만 달러 이상의 자금을 제공했으 며, 해오라기 및 송골매와 같은 이 지역의 관심 종을 관찰하는 데 적극적 으로 참여하고 있다. 또한 롱비치 항만은 롱비치 수족관과 협력하여 이 지역의 해안 서식지에 대한 새로운 전시물과 교육 자료를 개발하고 있다.

도시의 '해양 스프롤' 지도 그리기

도시는 세계 해운 증가를 통해 경제 성장을 확장하거나 바람과 파 도, 해류로부터 청정 전력을 찾기 때문에 공간적 영향을 주의 깊게 평가해야 한다. 뉴잉글랜드 수족관New England Aquarium의 연구원인 크라우스Kraus와 롤랜드Rolland는 미국 대서양 연안의 인간 활동과 관련된 잠재적 해양 영향에 대한 흥미로운 지도를 지상 유역지도와 결합했다. 이는 본질적으로 보트와 선박 교통량이 많고 어업 및 준설이 발생하는 지역의 편찬물이다. 그들은 지상 유역의 (매우 중요한) 오염 유출 영향을 적절히 설명하는 데 실패했기 때문에 이 해양 영향지도의 한계를 인정한다.

크라우스와 롤랜드는 이러한 수상 인간 활동과 사용을 일종의 도시 스프롤로 설명하며, 주요 영향 중 하나는 수중 소음이며, 특히 기계적 선박 소음은 특별한 관심사이다. 코넬조류학연구소Cornell Lab of Ornithology의 생물음향학연구프로그램Bioacoustics Research Program의 수잔 파크스Susan Parks와 크리스토퍼 클라크Christopher Clark는 바다 음향 스모그의 결과로 급격히 감소하는 두 참고래가 의사소통할 수 있는 거리에 대한 연구를 다음과 같이 보고한다. "오늘날 두 고래가 서로 들을 수 있는 확률은 100년 전의 10%로 줄었다."[31] 뉴잉글랜드 수족관 팀이 최근 발표한 연구에 따르면 고래가 수중 선박 소음으로 인한 스트레스 경험을 확인했다.[32]

무엇을 할 수 있을까? 그리고 블루 어바니즘은 이러한 종류의 해양 스프롤에 대응하기 위한 전략에 대해 무엇을 제안하는가? 한 가지 핵심은 간단한 작업은 아니지만 이러한 해양 영향을 우리의 계획에 통합하고 도시가 해양환경의 건강에 영향을 미치는 직간접적인 여러 방법을 보다 체계적으로 이해하는 것이다.

또 다른 중요한 단계는 심상지도를 확장하는데 도움이 되는 육상지도를 그려서 바다와 해양환경으로 확장시키고 육지의 사건과 활동이 해양에 영향을 미치며 더 근본적으로는 육지와 바다가 밀접하고 복잡하게 연결되어 있다는 개념을 발전시키는 것이다. 과거 나의 훌륭한 동료인 칼튼 레이Carleton Ray가 자주 상기시켰듯이, 광대한 육지에 전달되는 세부내용, 선의 색상과 다양성 그리고 이미지와 뚜렷한 대조를 이루는 검은색 또는 회색으로 칠해진 바다 그리고 수생계와 함께, 지도는 해안 가장자리에서 갑자기 끝났다. 이는 우리가 이러한 해양환경에 대해 걱정할 필요가 없으며, 거기에는 실제로 아무런 의미나 가치도 없고, 계획가나 도시론자들이 관심을 가질 만한 흥미로운 것이 전혀 없다는 메시지를 암시했다. 물론 이는 잘못된 것이다. 새로운 종류의 지도는 이러한 생각을 바꾸는 데 도움이 될 수 있다.

따라서 우리는 도시지도와 경계를 근본적으로 다시 생각하고, 도시 주변의 물 환경을 보다 잘 관리하고 보호할 기회를 제공하며 이러한 환경 또한 도시의 일부라는 새로운 의식을 심어줄 필요가 있다.

결론

도시와 도시인의 소비 습관 및 양식이 바다와 해양환경에 부정적인 영향을 미칠 수 있는 방법은 많다. 화석연료로 연료를 얻고 생성하는 나쁜 에너지 소비가 주요 원인이며, 블루 어바니즘은 도시가 재생 가능 에너지 기술로 전환하는 데 있어 신속하고 단호하게 지도력을 발휘할 필요가 있음을 제안한다.

우리가 살펴본 바와 같이, 해양 자체는 가장 유망한 신재생 에너지원 중 일부를 대표하며 도시는 이러한 기술을 지원하고 보조하는 데 앞장서고 있다. 마찬가지로, 도시는 플라스틱과 하수 슬러지를 포함하여 바다로 들어가는 많은 폐기물과 쓰레기를 생성한다. 샌프란시스코의 예를 따르는 도시들은 정화를 위한 새로운 구상과 기술 발전을 지원할 뿐만 아니라, 이러한 쓰레기 흐름을 줄이는 일을 할 수 있다. 블루 어바니즘을 표현할 수 있는 개별적 그리고 집단적 기회가 있다. 개별적으로, 시민들은 에너지 소비를 줄이고 재생 에너지를 지원할 수 있다. 집단적으로, 도시들은 해양 폐기물을 줄이는 정책과 규정을 채택하고 파도와 해상풍력과 같은 새로운 에너지 기술의 개발을 지원할 수 있다. 도시는 전 세계의 상품과 제품의 꾸준한 흐름에 의존하며, 매일 국가와 전 세계의 항만에 도착한다. 이 거대한 해운 산업의 영향은 항만 도시 자체의 오염과 그들이 통과하는 해양 오염 측면에서 중요하다.

제3장

도시의
어류 섭취자를
지속적으로 만족
시키기 위하여

역사적으로 바다에는 어류와 해산물이 풍부했다. 인간 생활의 대부분에 있어서 이 원천은 방대하고 무궁무진하며 상상을 초월할 만큼 풍부해 보였다. 하지만 지난 수십 년 동안 대규모 산업적 어업이 출현함에 따라 어획량이 증가하게 되었다. 이러한 산업적 어업이 어류 개체군의 장기적 생존을 위협한다는 증거가 드러났음에도 어획량은 기하급수적으로 급증하였다. 사실상 현재 모든 주요한 세계 어업은 조업능력이 한계에 도달해있거나 감소하고 있다.

　세계자연기금은 1950년 이후 전 세계적으로 생선 어획량이 5배 이상 증가한 것(1950년 1,900만 톤에서 2005년 8,700만 톤으로 증가[1])이 지속적인 어류 개체 수의 증가에 기인한 것이 아니라, 대체로 전 세계 산업적 어업의 규모와 범위가 확대된 결과리고 보고한다. 산업적 규모의 저인망-축구장 넓이의 폭, 5층 높이의 그물을 견인하는 선박-과 같은 기술은 해양환경에 대한 파괴력이 매우 높다. 전반적으로 현재의 어획량 수준이 지속 가능하지 않다는 것이 확실함에도 불구하고, 더욱 더 도시화되어가는 인간을 위한 단백질의 필요성은 이미 과중한 부담을 안고 있는 어업에 더욱 압박을 가중하고 있다.

해양건강과 해양어업의 장기적 지속가능성을 증진하는 방식으로 이 세계산업에 접근하고자 하는 도시의 의제는 광범위하다. 따라서 해양어업에 대한 우리의 접근방식을 전면적으로 재고할 필요가 있다. 나는 아래와 같은 관점에 입각하여 도시가 어업의 지속 가능한 어획과 관리에 더 많은 영향을 미칠 수 있다고 주장한다.

- 장기적 지속가능성을 강조하기 위해 국가와 지방을 포함한 모든 이들이 적절한 수준에서 어업관리체계 개혁에 참여한다. 이와 관련하여 도시정책은 인증기관의 조언과 안내에 따라 도시 수요를 지속 가능한 해산물의 소비 · 구매로 향하도록 하는 인식캠페인을 실천해야 한다.
- 특히 해안가 도시는 소규모 현지어업 · 어민에 대한 지원과 보조금을 우선으로 고려해야 한다. 이는 일자리 창출과 더불어 도시인들이 현지 어종에 대해 더 많이 배울 수 있는 기회를 줄 것이며, 잠재적으로 해양과 바다에 대한 우리의 정서적인 연계를 강화하는 데 도움을 줄 것이다.
- 모든 시市는 오염되지 않은 상태의 생선을 폐회로체계에서 추구하는 대체적 방법 · 기술 · 기업을 육성할 수 있다(예를 들어 채소와 어류 생산을 통합하는 기술 또는 수경혼합양식). 소비자에게

자연산 어획물과 지속 가능한 양식 어류 사이의 선택권을 제공하면 도시 수요를 충족시키는 데 도움이 될 것이다. 또한 제품 부족을 야기하지 않고도 산업적 어업의 고도로 파괴적인 방식을 줄이는 것을 촉진할 수 있을 것이다.

• 기후변화에 대한 역대 시장市長들의 지도력과 마찬가지로, 도시는 새로운 해양보호구역을 구축하는 선두주자가 되기 위해 함께 결속하는 것을 고려해야 하며, 어업과 해양 생태계의 장기적인 회복을 위한 유지관리 · 감시 · 감독에 기여해야 한다.

보다 지속 가능한
수요충족과
수산관리 개혁

특히 해안 도시를 포함하여 미국의 어떤 소비자도 대규모 선단에 의해 어획되었거나 여타 국가에서 수입된 생선을 해결책으로 삼아서는 안된다. 추후 설명하겠지만 내륙 도시 주민들도 혁신적인 정책 결정과 기업가정신을 통해 현지 생선을 풍부하게 집할 수 있다. 현지 생선을 구입하고 현지어업을 지원하는 것은 도시인들이 해양건강에 부정적인 영향을 줄이기 위해 취할 수 있는 직접적이고 긍정적인 조치이다. 왜냐하면 현지에서 재배된 채소와 쇠고기를 사는 것이 인간의 탄소 발자국을 줄이고 공장형 농업을 통해 생산된 식량을 막을 수 있기 때문이다.

주정부뿐만 아니라 시市와 대도시권의 행정청 지역에서는 생선 수확의 범위와 방법에 대해 제재를 가할 수 있다. 뉴욕해산물위원회New York Seafood Council에 따르면, 3,500척 이상의 보트와 선박의 지원하에 매년 약 4,000만 파운드의 어류·조개류가 롱아일랜드를 포함한 뉴욕에 상륙한다. 그렇다면 뉴욕시 주민들은 과연 어떻게 이 지역 어부들과 그들의 장려금을 지원할 수 있을까? 그리고 정책 입안자 및 여타 지방 당국은 잠재적이고 지속 가능한 지역 식량 체계의 일부로 소규모 어업 활동을 이해하고, 이를 지원할 방법을 모색할 것인가?

오래된 수많은 항구와 해안 도시에서 해산물을 뭍으로 올려 가공을 위해 사용하던 공간이 점차 다른 용도로 변모해갔다. 시市는 토지이용계획 및 구역조례를 조정하는 수변의 작업공간을 유지함으로써 소규모 어부들에게 편의를 제공하는 것에 도움을 줄 수 있다. 이러한 종류의 어업 활동을 실현하려면 현지의 소형 어선을 위한 저렴한 정박 시설을 유지하는 것이 중요하다.

최초의 지역사회지원어업community-supported fishery(CSF)은 2008년 메인코스트Maine coast에서 시작되었다. CSF는 보다 일반적으로 조직된 지역사회지원농업community-supported agriculture(CSA) 단체와 유사하게 구조화되어 있다. 기존 CSA와 마찬가지로 현지 어부들은 매주 해저 서식종인 새우나 갈치를 잡을 수 있는 "지분"을 구입한다. 현지 어부를 지원하는 여러 가지 혜택 중에 생선의 어획 방법에 관해 묻고 배울 수 있는 기회가 있을 뿐만 아니라, 그들이 해안 청지기로서 종 개체 수와 해양건강을 더 나아지게 할 것이다. 또한 그들은 세계화된 수산업에서 증명하기 어려운 투명성의 수준을 증명할 수 있을 것이다. 이들이 현지 어류 종에 대해 점점 더 많이 이해하기 시작함에 따라 도시의 해산물 소비자들도 어떤 면에서는 어장을 그들 자신의 것으로 여기게 되고 어장 보호에 보다 많이 참여하게 될 잠재적 가능성이 있다.

글로스터 수변공간에서 온 소식

2011년 나는 보다 지속 가능한 현지어업의 미래에 대한 비전을 탐구하기 위해 어업과 항해의 풍부한 역사를 가진 매사추세츠주 글로스터로 여행을 갔었다. 글로스터는 갈수록 어려워지는 산업과 삶의 방식을 재정의하고 복원하는 일을 해양자원관리의 최전선에 내세운 지역공동체이다. 이 지역에서 잘 알려진 두 단체의 책임자 두 사람이 협력하여 어업 생활을 재생하고 회복하기 위해 창조적으로 활동하고 있다.

안젤라 산필리포Angela Sanfilippo는 유서 깊은 이탈리아 어부 가문 출신이며, 글로스터어부부인협회Gloucester Fishermen's Wives Association라고 불리는 단체를 이끌고 있다. 1969년 현지 어민들을 폭넓게 지원한다는 사명으로 결성된 이 단체는 수년 간에 걸쳐 실질적인 옹호자로 부상했다. 이들은 주권국들이 어업과 같은 활동에 대한 통제권을 행사할 수 있는 해안지대, 즉 배타적 경제수역을 200해리까지 확장하고 해양보호구역의 설

그림 3-1. 매사추세츠 글로스터 부두에서 현지 어부에게 잡힌 물고기(사진 제공: 저자)

립하는 것을 지지하였다. 또한 해양 석유와 가스 시추에 대한 제안을 강력히 반대한다고 주장하고 있다. 이러한 문제들에 대한 그들의 입장은 때때로 간과되고 있는 현지 어부들의 장기적인 노력이며 해안 청지기의 선도적인 능력을 보여주는 사례이다.

산필리포 조직이 현지 어민들을 대표해 취한 가장 혁신적인 조치 중 하나는 지역사회지원어업인 앤곶선어鮮魚잡이Cape Ann Fresh Catch CSF를 구축하여 어획량을 위한 새로운 시장을 찾는 것이었다. 이러한 조치는 매우 성공적이었으며, CSF는 현재 1,000명 이상의 주주가 있는 나라 중에서 제일 큰 규모의 CSF이다. 안젤라는 이 구상이 처음부터 얼마나 인기가 있었는지에 대해 유쾌한 놀라움을 표시했다. 케임브리지, 자메이카평원Jamaica Plain, 펜웨이Fenway 등을 포함한 보스턴 대도시 주변에 CSF 배달품 전달 장소가 있다.

CSF의 한 가지 분명한 이점은 해산물의 신선함과 맛이다. 앤곳 제품의 경우, 주주들에게 해산물을 냉동하지 않은 채로 배분하기 위해 냉장재로 포장을 하는데, 주주들은 해산물이 잡힌 지 불과 8시간 만에 배분받는다. 앤곳선어 잡이는 매우 신선한 제품을 제공하는 것 외에도 현지에서 잡히는 다양한 생선에 대한 인식을 높이고자 한다. 어떤 면에서 이러한 다양성이 하나의 도전이기도 한데, 예를 들어, 연어, 참치, 황새치 말고는 바다에서 잡힌 생선으로 무엇을 해야 할지 아는 미국인은 거의 없기 때문이다. 따라서 다양한 현지 품종과 다양한 맛에 대한 교육 역시 CSF 임무의 일부분이다.

CSF 생선 배분에는 최소 4종의 다른 도다리가 포함된다. 또한 CSF는 가시가 발려진 생선을 받을 수 있는 선택권(가입자 중 약 절반은 발려진 생선을 선택)을 제공하지만, 안젤라는 생선 가시를 바르면 생선의 약 60%가 낭비된다고 설명한다. CSF의 안젤라는 생선을 통째로 요리하는 것이 더 편하기 때문에 훨씬 더 지속 가능하다고 생각한다. 이를 위해 그녀는 요리 시연을 준비하고, CSF는 매년 현지 요리사들을 초대하여 가장 맛있는 해산물 요리 경연대회 같은 일련의 '해산물 경연대회'를 개최한다.

CSF는 사실 그린피스 운동가였던 니아즈 도리Niaz Dorry가 이끄는 글로스터에 기반을 둔 다른 조직인 북서대서양해양연합Northwest Atlantic Marine Alliance(NAMA)의 구상이다. NAMA의 임무는 북서대서양 해양 환경을 보전하고 복원하여 장기적인 생산성을 보장하는 것이다. 또한 NAMA는 지역공동체·생태계 기반의 수산자원관리를 구축하기 위해 노력하고 있다.

니아즈는 현재 어업체계의 문제가 식량 생산에만 중점을 둔 채 해양자원보전을 포함한 다른 본질적인 가치를 고려하지 못한 것에 기인한다고 본다. 그녀는 어류에 대한 보다 미묘하고 정확한 이해를 얻을 수 있는 해양 생태계에 대한 세밀한 이해가 중요하다고 주장한다. 또한 어류의 특정 조건과 가치에 적합하고 민감하도록 배의 크기와 규모를 규제하는 것과 함께 어획 기술을 규제할 수 있어야 한다. 예를 들어, 큰 선박은 깊은 물에서 더 효율적이고 적절할 수 있지만, 근해환경에서 어류를 어획하는 데는 적합하지 않다. 오히려 더 작은 선박과 더 차별적인 어획 기법이 해안 해양체계에는 피해를 덜 주면서 현지 어부와 지역공동체에 경제적 가치와 혜택을 제공할 수도 있다.

니아즈는 어업의 생태적 경계와 어업의 한계에 대한 이해를 바탕으로 한 경영 계획이 필수적이라고 설명한다. "우선 생태계가 무엇인지 이해하고 낚시 방법을 적용해야 하는데 지금까지는 그 반대로 했습니다. 배를 만드는데… 용량을 정하고 나서, 바다가 그 용량을 공급하도록 강요하는 것처럼 말입니다."

대규모 산업적 어업은 산업적 농업만큼이나 환경 파괴적이다. 이러한 산업적 어업·농업의 평행성은 기이하다. 예를 들어, 기술 확장과 대규모 기계화 작업에 대한 강조, '가능한 적은 비용으로 많은 어류를 포획하는 최저비용 어류 생산'에 대한 강조, 그리고 다른 가치와 목표를 적절히 이해하거나 설명할 수 없다는 점 등이다.

또한, 니아즈는 새로운 개방 수역/해양양식업을 허용하려는 미국국립해양대기청(NOAA)의 현재 노력 등 일부 국가의 해양 정책들이 잘못된 방향으로 가고 있다고 본다. 그녀와 NAMA의 동료들은 이러한 정책의 생태학적 위험과 잠재적인 피해를 매우 우려하고 있다. 개방 수역 양식과 관련된 심각한 환경적 영향이 있으며 이는 잠시 중단되어야 한다. 왜냐하면 화학물질과 항생제의 과중한 사용과 오염 부하, 야생종에 의한 질병 전염 그리고 양식 어류의 먹이로 많은 양의 야생 어류가 사용되기 때문이다. 해양보전단의 최근 보고서에 따르면, 개방 수역 양식은 1파운드의 양식 연어를 생산하기 위해서는 2~5파운드의 생선이 필요하며, 이러한 양식 기술이 계속 성장할수록 바다에 심각한 영향을 미칠 수 있고 회복시키기 매우 어려운 상황이 될 것이라고 본다.[2]

인증 체계

소규모 어업으로 지구상의 70억 인구를 먹이는 것은 어려울 것이며, 이는 해결책의 일부일 뿐이다. 도시 소비자들은 해산물 선택에 있어 더 고심해야 한다. 그리고 그렇게 할 때 이들은 변화를 위한 거대한 (경제적) 힘을 대표할 수 있을 것이다. 이는 여러 가지 방법으로 일어날 수 있다. 지속 가능한 어업과 그렇지 않은 어업을 쉽게 구분할 수 있는 상표 표시는 소비자가 '지갑으로 투표'할 수 있게 한다. 도시 수족관 같은 기관으로부터 지속 가능한 어획물에 대한 제3자 인증과 표시를 제공하는 해양관리위원회 같은 단체에 이르기까지 광범위한 단체들이 인증 체계를 구축해 왔다. 해양 어획은 큰 사업이지만, 그 과정에 대한 감독을 도입하는 것은 나쁜 관행을 근절시키고 변화시키는 데 도움이 된다.

해산물은 2가지 일반적인 방법으로 지속가능성을 평가한다. 하나는 어획 방법(산업용 저인망어업 대 소규모 어업)이고 다른 하나는 어업 상태(남획을 하면 과학적인 증거가 남음) 또는 양식 어류를 기르는 방식이다. 몬터레이만 수족관은 고갈된 어업에 대한 경각심을 높이는 한편 환경적으로 나쁜 영향을 주는 어류양식과 어획 관행에 대한 이해를 높이는 작업을 성공적으로 해냄으로써 두각을 나타냈다. 이 수족관의 해산물파수Seafood Watch 프로그램은 접근이 용이한 휴대용 안내 책자와 더불어 최근에는 스마트폰 앱을 제작하는 것을 통해 수년 동안 소비자의 선택을 바꾸는 데 도움을 주었다. 오리건주 포틀랜드Portland에 있는 작은 식료품 체인점인 뉴시즌마켓New Seasons Market에서 전국적인 체인점인 홀푸드Whole Foods에 이르기까지, 식료품 가게들이 점점 해산물파수 프로그램이나 기타 등급 프로그램에 따라 해산물 제품에 색깔별 표시를 하고 있다.

전 세계의 도시민은 식료품점에서의 선택을 통해 해양 생태계보호에 일정 정도 긍정적 영향력을 행사할 수 있는 능력과 의지를 점점 높이고 있다. 최근 네덜란드를 방문했을 때, 전국 식료품 체인점인 알버트 하인스Albert Heins에서 구입한 훈제 고등어를 맛볼 기회가 있었다. 진공 포장된 이 생선은 해양관리위원회에 의해 지속 가능한 어업에서 어획된 생선으로 인증된 '두르자암비스durzaam vis'가 찍혀있었는데 이는 지속 가능한 어업 친환경 상표 표시 중 가장 크고 신뢰할 수 있는 표시이다. MSC 인증을 받으려면 어업이 제3자 평가관의 엄격한 '지속 가능한 어

그림 3-2. 몬터레이만 수족관은 해산물 선택에 대한 조언을 구하는 소비자들을 위해 몇 가지 앱을 제공한다. 그것은 해산물파수 앱으로 매우 인기 있다.(제공: 몬터레이만 수족관, 랜디 와일더의 사진!)

업 원칙과 기준'을 충족해야 하고, 무엇보다 남획과 해양자원 고갈을 막기 위한 관리가 이뤄져야 한다.[3] 어업에 대한 전 세계의 압력이 만병통치약은 아니지만, 이 친환경 상표 표시 프로그램은 시장 가치와 경제적 보상을 창출하고 보다 지속 가능한 어업 관행을 지원하는 긍정적인 초기 단계이다. 2013년 기준으로 전 세계 200개의 어업이 MSC 인증을 받았으며, 이는 직접 사람들이 소비하기 위해 어획된 전 세계 해산물 공급량의 8%(전체 평가 과정에 있는 어업을 고려할 경우 11%)를 차지한다.[4]

MSC 어업 주류화 · 상용화의 발전의 가장 최근 사례는 2013년 맥도널드의 발표에서 확인할 수 있다. 맥도널드는 미국과 유럽의 21,000개 매장에서 판매되는 생선 전량을 MSC 인증을 받은 대구로 공급하겠다고 발표하였다.[5] 이는 보다 지속 가능한 어획 방법과 관행의 방향으로 시장 수요를 전환할 수 있는 엄청난 잠재력이 있다. 그리고 그것은 어업 관리의 가시성을 높이고 곤경에 처한 전 세계 어장에 도움이 될 수 있다. 맥도널드의 지속가능성 활동을 이끄는 수장 포셀Susan Forsell은 『LA타임스』에서 이러한 활동이 생선과 어업에 대한 새로운 대중적인 토론을 교육하고 상기시키는 데 도움이 될 것이라고 언급했다: "MSC 인증은 우리에게 흥미롭습니다. 이것은 맥도널드의 모든 피시 햄버거가 미국에서 가장 잘 관리되고 있는 어장에서 공급되고 있다는 것을 증명해줄 뿐만 아니라 79만 미국 맥도널드 직원이 지속 가능한 방식으로 제품을 조달하려는 패스트푸드 체인의 노력에 대해 말할 수 있는 기회가 되기도 합니다.[6] 다음 단계는 전 세계 맥도널드 약 34,000개의 매장(하루 6900

만 명의 고객!)이 여기에 포함되도록 이러한 노력을 확대하는 것입니다.

어류는
바다에서만
산다?

도시는 야생 어류의 개체 수 감소에 의존하지 않는 대체 어류 생산 체계를 더 심대하고 체계적으로 개발할 책임이 있다는 사실을 깨달아야 한다. 이것은 생선 소비를 줄이는 것을 의미하는 것이 아니라 오히려 양식 민물 생선의 소비 증가가 지속 가능할 필요가 있다는 사실을 강조한다. 세금 감면 및 기타 성과금을 통한 보다 유연한 구역지정 요구와 기업가의 지원을 통해, 도시 지역은 경제 활동을 활성화하고 시민들에게 현지에서 생산된 신선한 양질의 단백질을 제공할 수 있다. 도시폐회로양식체계Urban closed-loop aquaculture systems가 매우 유망하며, '도시 어류'를 생산하는 많은 회사들이 이미 성공적으로 운영되고 있다.

나는 위스콘신주 매디슨Madison에 있는 신생 수경혼합양식 회사 스위트워터오가닉스Sweetwater Organics를 방문할 기회가 있었다. 스위트워터오가닉스는 윌 알렌Will Allen과 알렌의 조직인 그로잉파워Growing Power의 운영에서 영감을 받았다. 그로잉파워는 혁신적인 노력으로 도시에서 건강하고 저렴한 식량을 재배하고 있다. 그로잉파워 온실은 일련의 원형 어항과 여기에 연결된 영양분이 풍부한 물을 공급하는 체계로 식량을 생산한다. 알렌 체계의 핵심은 생선의 먹이 공급원이 되는 벌레를 독창적으로 기르는 것에 있다. 현지 식당에서 배출되는 음식물 쓰레기의 찌꺼기로 이 벌레를 먹이고, 이 벌레가 생선의 먹이로 사용되어 실질적인 순환 체계를 만든다.

스위트워터오가닉스는 밀워키의 재정적 지원을 받아 이 같은 수경혼합양식 접근법을 확장하려고 노력했다. 그들은 오래된 공장을 인수하여 수직성장배양판vertical grow beds과 어류 탱크로 가득 채웠다. 이를 통해 양식되는 생선은 농어와 틸라피아다. 농어는 현지에서 가장 좋아하는 종으로 자연 어장이 붕괴하기 전에는 레스토랑에서 주로 생선튀김으로 소비되었다. 틸라피아는 본래 수조 재배를 통해 번식하는 종이기 때문에 이 방법이 효율적이다.

스위트워터오가닉스는 도시 수경혼합양식 분야의 선구자였으며 도시의 재순환 환경의 생선사육이 가진 매우 긍정적인 잠재력을 보여주었다. 그러나 시에서 투자했음에도 불구하고 약속한 많은 수의 일자리와 경제 활동을 생산하지 못하는 등 논란이 없는 것은 아니었다. 이것은 부분적으로 여기에 채택된 기술과 그 기술의 새로움에 기인한 것인데, 이 기술들은 과학인 동시에 예술처럼 보인다. 예를 들어 이러한 순환 체계의 어항이 실제로 얼마나 많은 농어를 수용할 수 있는지에 대해서는 지속적인 실험과 조정이 논란의 대상이 되었다. 성장체계의 대부분이 과도하게 에너지흡입전등energy-sucking lamps에 의존한다는 것 또한 또 다

그림 3–3. 스위트워터오가닉스가 위스콘신주 밀워키의 폐회로체계에서 틸라피아와 농어를 키우고 있다. (사진 제공: 저자)

른 논란 중 하나였다. 이 전등은 공장 시설에 본래 예상보다도 훨씬 더 많은 빛을 끊임없이 내리쬐었던 것이다. 물론 이를 조정할 수 있고 극복할 수 있다는 희망은 있다.

소위 **공장**Plant으로 불리던 시카고의 백오브더야드Back of the Yards 공원 부근에 있는 과거 육류 포장 공장에서 또 다른 특별한 예를 볼 수 있다. 이곳은 대규모 공장 건물이 도시 식량 생산 시설과 상업용 식당을 포함한 새로운 식품 기업을 위한 보육센터로 변화하고 있다. 더플랜트The Plant에는 수직농장과 수경재배 운영 외에도 여러 개의 제과점, 양조장,

버섯 생산업체, 차 회사도 입주할 예정이다. 전체 운영은 실내에서 이루어지며 생선 배설물이 식물에 비료가 되어 영양을 공급하고 양조장에서 사용된 곡물 찌꺼기를 이용해 생선을 먹이는 순환 대사의 형태로 설계된다. 목표는 '쓰레기 제로'이다.

가장 최근의 혁신에는 공장 시설의 발전에 있어 필요한 전기와 열을 재생 가능한 수단을 통해 생산하는 방법을 찾는 것까지 포함되어 있다. 보도에 따르면 더플랜트는 혐기성 소화조anaerobic digester라는 구상을 검토하고 있다. 이는 음식물 쓰레기에서 메탄을 생산하고 이러한 연료로 건물에 재생 가능한 전력을 공급하여 난방을 하는 것이다. 이러한 유형의 도시 어류양식을 허용하고 적극적으로 장려하기 위해 도시 법규를 변경하도록 허가하는 것은 블루 어바니즘 의제의 중요한 부분이다.

많은 미국 도시들과 마찬가지로 시카고도 최근 도시 어류양식을 허가하기 위해 구역설정·개발 법규를 크게 변경했다. 2012년 9월에 더플랜트는 도시 허가를 받은 최초의 실내 농장이 되었다. 더플랜트와 스위트워터오가닉스와 같은 사업들은 도시 식량과 어류 생산의 새로운 시대의 최첨단에 서 있다. 이러한 체계가 상업적인 수준에 도달하고 도시에 사는 수백만 명의 사람들을 먹여 살릴 수 있는 생산 규모에 도달하기까지는 수년이 걸릴 수도 있지만 잠재력을 지니고 있으며 올바른 방향으로 나아가고 있다. 미국의 도시들 특히 러스트 벨트에 있는 도시들에는 이러한 사업의 무대 역할을 할 수 있는 충분한 공간과 많은 빈 건물이 있다. 그리고 이 시설들은 밀워키, 시카고 같은 도시에 거주하는

그림 3-4. 일리노이주 시카고에 있는 식물원의 수경혼합양식 정원이다.(사진 제공: 더플랜트 시카고, NFP)

주민들에게 농어와 같은 생선에 대한 애정을 다시 불러일으킬 기회를 제공한다. 이로써 농어는 공업지대의 역사와 발전에 매우 깊이 관련되게 된다.

또한 기존의 내수면기반체계pond-based systems는 내륙 양식장에서 대량의 생선을 생산할 수 있는 잠재력이 있고, 도시 주민에게 샌선의 감동적인 맛과 품질을 연계시킬 수 있는 창의적인 방법을 제공한다. 정확한 위치가 해안지대는 아니지만 버지니아주 샬러츠빌Charlottesville에서 버지니아 대학교의 두 대학원생이, 중앙 버지니아의 농부들과 관계를 구축하고 그들만의 CSF를 시작하였다. 수익성이 좋은 사업은 아니지만, 내륙 CSF는 마을과 도시 주민이 현지 농부로부터 매우 신선한 송어, 메기, 새우를 살 가능성을 열어주었다.

세계 어업 위기를 해결하기 위해서는 이처럼 야생 어획 접근방식을 재고·재정비하는 한편, 수요를 도시의 수경혼합양식과 기타 생산체계에서 생산되는 어류로 전환해야 한다. 그러나 야생 어류 개체 수의 회복을 돕는 또 다른 부분은 해양보호구역의 전 세계 연결망을 확장하는 데 있다. 이 지역에서의 포획금지와 어획 금지 규제가 어류 재고량을 보충하는 데 도움이 될 것이다. 해양보호구역에 대한 과학과 생물학적 효과는 부인할 수 없으며, 도시와 도시민은 기존 보호구역에서 어업 제한이 적절히 시행되도록 새로운 보호구역을 설정하는 데 있어 집단적 영향력을 행사해야 한다.[7] 심지어 매우 작고 새로운 보호구역의 설치도 상당한 회복 효과가 있는 것으로 나타났다.[8]

때에 따라 도시는 관할 구역 내에 새로운 해양보호구역을 직접 설립할 수 있는 능력을 갖추게 될 것이다. 홍콩과 싱가포르와 같은 일부 해안 도시들은 이미 해양보호구역을 직접 설립했다. 특히 홍콩은 어업 금지지역으로 케이프다구이라르해양보존구역Cape D'Aguilar Marine Reserve 1곳과 해양공원 4곳을 설립했다. 비록 상당한 면적의 보존지역이긴 하지만 여전히 도시 면적의 극히 일부인 1% 이하에 불과하다. 싱가포르 세계자연기금과 같은 환경 단체들은 훨씬 더 큰 혜택을 위해 이러한 지역들이 확장될 가능성이 크다고 보고 있다.[9]

다른 도시에서는 해양보전구역을 구축함에 있어 국가, 주 또는 지방정부가 협력할 필요가 있을지도 모른다. 그러나 도시가 직접적인 권한이 없다 할지라도 지도력의 핵심이 될 수 있다. 예를 들어, 호놀룰루 시의회는 하와이에 '어류 금지' 구역인 해양생물보전지구marine life conservation districts 설치를 지원함에 있어 중요한 역할을 했다. 사실 최초의 해양생물보전지구는 하나우마만Hanauma Bay의 호놀룰루시 · 군립공원으로, 현재 지역민과 관광객 모두에게 엄청난 인기를 끌고 있다. 와이키키와 다이아몬드 헤드 근처의 시 · 군 공원을 포함한 두 개의 다른 구역을 주에서 지정했다.[10]

남아프리카 공화국의 케이프타운에는 테이블 마운틴Table Mountain 국립공원의 일부로서 주요한 어획 금지구역이 있다. 이 구역은 도시에 인접해 있으며 육지뿐만 아니라 해양 지역도 포함하고 있다. 비록 '국립' 공원으로 지정되었지만 이러한 해양보호구역은 현지와 지역 전체의 생물 다양성의 중요한 부분이다. 또한 인근 도시와 시 정부가 적용 범위를 확대하고, 적절히 시행할 수 있는 어업 제한을 위한 정책을 지지할 수 있는 중요한 기회다.

많은 곳에서 해양보호구역과 어획 금지구역의 설립은 대부분 혹은 독점적으로 주정부와 연방정부의 권한 내에 있을 것이다. 그런데도 도시와 도시민은 이러한 지역의 설립과 시행을 강하게 지지할 수 있다. 캘리포니아의 새로운 해양보호구역에는 로스앤젤레스 카운티County의 해안 바로 옆의 몇몇 어획 금지구역들이 포함되어 있는데 이 장소들은 로스앤젤레스시와 매우 인접해 있다. 이러한 어획 금지보전구역은 로스앤젤리노스Los Angelinos 시민이 자신들의 도시의 연장선상에서 현지어업을 회복시키고 보충하기 위한 필수불가결한 부분으로 받아들일 수 있다. LA바다지기와 같은 단체들은 소송·변호·교육을 통해 해양 보전을 보다 일반적으로 지원할 뿐만 아니라, 이러한 새로운 구역을 순찰하고 감독하는 것을 돕고 있다.

육지로 둘러싸인 내륙에 위치한 도시도 신설 보존구역에 적극적으로 동참할 수 있다. 예를 들어, 코스타리카의 산호세San Jose는 최근 해안선에서 수백 킬로미터 떨어진 코코스섬 근처에 새로운 씨마운트Seamounts 해양관리구역을 설립하려는 야심 찬 발걸음을 내디디고 있다. 이 새로운 해양보호구역은 어획 금지 조항들을 포함할 것이고, 부분적으로는 참치와 같은 상업적 가치가 있는 종들의 중요한 쉼터 역할을 할 것이다. 육지로 둘러싸인 산호세에 있는 도시인은 이 대담한 해양 보전 단계를 그들의 도시 생활과 소비양식이 직접 연관된다고 보지 않을 수도 있지만, 사실은 매우 연관성이 있다. 그러나 실상 해양을 관리하는 일은 어업 관리에 대한 보다 지속 가능한 접근방식을 추진하려는 블루어반 도시의 핵심 단계이다.

어류의 종말?

어업의 현 상태가 대단히 심각한 수준인지 아닌지는 어떤 학문 분야 혹은 어떤 전문가에게 자문을 구하냐에 따라 달라질 수 있다. 특히 수산생물학 분야의 일군의 학자들 사이에서 활발한 논쟁이 진행되고 있다. 낙관적인 이들은 대폭 강화·개선된 매그너슨-스티븐스어업관리법 Magnuson-Stevens Fisheries Management Act의 최근 성과로서 미국 수산자원량의 반등을 가져온 사실을 언급하고 있다. 매그너슨법은 미국 전역의 8개 지역협의회를 통해 어획량 제한을 설정하고 있다. 한편 세계 어업과 해양환경이 전반적으로 매우 급격하게 쇠퇴하고 있다고 보는 많은 해양생태학자들이 있다. 이들 중 일부는 실제 '어류의 종말'을 금세기 중반으로 추정했는데, 이는 해양의 바닥을 훑는 거대한 저인망어선을 포함한 산업적 어업의 확대, 증가하는 인구와 어업의 수요, 부적절하고 제대로 시행되지 않는 세계 어업관리체계 그리고 바다의 온난화와 산성화에 따른 물리적 고통의 결과이다. 어류 종말의 시한을 10년으로 잡든 20년으로 잡든 이는 매우 그럴듯한 결론으로 보인다. 단기적으로 많은 조치가 요구된다. 여기에는 전 세계 해양보호구역 연결망의 지속적인 확대, 국제적인 어업 제한의 강화·시행, 그리고 예를 들어 해양청지기협의회Marine Stewaedship Council와 같이 공인된 수산업의 지속 가능한 지도하에 우리의 시장 수요(그리고 공공보조금)를 전환하는 일 등이 포함될 수 있다.

그렇다면 현지 어업공동체의 대규모 재생은 가능한가? NAMA의 니아즈 도리는 많은 전통적 어촌 마을들이 현지 어민들을 지원하는 데 필요한 기반시설을 잃고 있다고 지적한다. 부두 공간이 수변공간주택, 레스토랑 및 기타 용도로 전환되었기 때문에 소규모 어부들이 이용할 수 있는 작업공간은 없다. 이러한 문제를 해결하기 위해 그녀는 농지기반의 가금류·농업에서 최근 옹호되고 있는 이동식 닭고기 처리장치와 유사한 이동식 어류 가공공장의 가능성을 상상해 본다.

나는 니아즈에게 보스턴과 같은 대도시 지역이 앞으로 글로스터와 같은 인근 어장과 어업공동체로부터 해산물의 대부분을 공급받을 수 있다고 생각하는 것이 현실적이냐고 물었다. 그녀는 대답했다. "상상할 수는 있습니다. 다만 시간이 좀 걸릴 것 같습니다"라고 말했다. 나는 도시인이 노란 꼬리 각시가자미와 케이프코드 근해의 가자미의 차이점을 요리와 생태학적 측면 모두에서 제대로 인식할 수 있기를 기대한다. 또한 도시인들이 수천 년 동안 인류라는 종을 지속적으로 존재하게 해준 해양의 풍성함과 건강함에 축배를 들 수 있는 미래를 기대한다.

결론

우리의 바다는 지금까지 그랬던 것처럼 앞으로도 계속해서 도시인에게 풍부한 식량을 제공할 것이다. 그러나 이런 추세로 간다면 대부분의 산업적 어업은 한계에 도달하거나 감소할 것이다. 산업적 어획으로 인한 심각한 생태학적 악영향을 고려할 때, 도시인은 바다의 풍요로운 수산자원을 수확하는 방식을 바꾸는 데 있어 자신의 역할을 깊이 재고해야 할 필요가 있다. 도시는 장기적으로 해양건강과 지속가능성이 핵심가치인 새로운 체계를 구축하는 데 앞장서야 한다.

지속 가능하게 관리되는 어업으로부터 생선을 조달하고 이를 지원하는 일에 관심이 증대되고, 지역사회지원어업(CSF)과 같은 새로운 방안이 등장하는 등 긍정적인 경향이 형성되고 있다. 이러한 경향들은 소규모의 덜 파괴적인 조업수단을 재창출할 잠재력을 지니고 있다. 또한 도시인을 현지 바다의 풍성함과 다시금 연계시키고 현지어업과 어부들에 대한 직접적 연계와 책무를 도시인에게 함양하는 것을 약속할 수 있다. 그러나 우리가 이 지속 불가능한 곤경에서 '벗어나서 우리 방식으로 먹을 수' 있을지는 불분명하다. 그리고 일부 사람들은 어획 방법을 변경하고 새롭고 지속 가능한 인정을 받은 어업을 지원하는 것만으로 충분한 것인지에 대해서도 의구심을 가지고 있다.

시카고와 밀워키와 같은 도시의 예에서 보듯이 도시들은 가장 유망한 가능성을 지닌 폐회로수경혼합양식체계를 통해 어류와 해산물을 위한 새로운 지역 공급원을 개발하기 시작해야 한다. 다행히도 이러한 폐회로수경혼합양식체계에 대한 필요성은 국내의 현지 음식에 대한 관심의 증가와 맞아떨어졌다. 그리고 블루 어반 도시는 해양어업과 생태계의 일부 부담을 경감시킬 수 있는 기술과 사업 개발을 지원하는 데 움이 될 수 있다.

제4장

푸른 행성을 위한 도시 디자인

사려 깊은 도시 디자인은 시민들을 바다에 더 가깝게 만들고 도시환경의 필수적인 부분으로 바다를 강조하는 방식으로 육지와 물을 연계하는 능력이 있다. 특별한 정서적 공감을 만드는 것 외에도, 생태학적으로 민감한 설계 및 계획은 유해한 오염 물질의 유출을 방지하고 해양환경의 건강을 존중하며 도시 영향을 최소화할 수 있다.

해안 도시는 해수면 상승에 대한 장기적인 계획, 해안에 따른 책임 있는 개발과 계획을 수행함에 있어 개별 프로젝트가 기후변화에 대한 지역사회의 복원력을 어떻게 활성화 할 것인지 고려해야 한다. 이런 종류의 계획이 이미 주류라면 이 책은 필요하지 않을 수도 있다. 그러나 현재로서는 도시설계와 계획의 혁신적이고 대표적 전 세계의 방식들이 블루 어바니즘의 포용하는 방향으로 진화해야만 한다고 강조하고자 한다. 바다를 따라 주변에 그리고 우리의 해양 속에 잠긴 일부 사례에 있어 건물과 건축환경의 기능·구성·디자인을 재구상할 때가 되었다.

새롭게 떠오르는 푸른 도시인 토론토에서 최근 수변공간 개발 노력은 물과의 근접성을 존중하는 설계(여기서는 온타리오 호수), 근해의 수생 공동체 복원에 대한 노력이라는 두 가지를 우선순위로 강조한다. 네덜란드 조경 건축가인 아드리안 구즈Adriaan Geuze와 그의 회사 웨스트 8West 8의 지침에 따르면, 토론토 해안가의 계획은 극적인 방식으로 대중의 접근을 창출하고자 했다. 가장 눈에 띄는 특징은 일부는 산책로, 일부는 다리인 일련의 '물결갑판'이다. 물결 모양은 새로운 공공 공간을 흥미롭게 만들어 주민에게 물 위의 권리를 가져다준다. 구즈는 물결갑판을 이렇게 설명한다: "그것들은 눈에 생기를 불어넣는다. 그것들은 퀸스 키Queen's Quay 글자 그대로 물에 키스하게 한다."[1]

구즈는 만약 기회가 주어진다면, 해안 도시들(그리고 거주자)의 건물이 물 위뿐만 아니라 물 아래까지 그들 디자인의 사려 깊은 확장과 어떻게 그들 주변의 물과 관련되어야 하는지에 대한 적절한 묘사로서 종종 물에 키스하는 것에 대해 이야기한다. 향상된 공공 공간이 물결갑판 형태로 형성되면서 수중 생태계도 활성화되고 있었다. 강변 돌 더미들, 가라앉은 통나무들 그리고 제방들이 거의 7천 제곱미터의 어류 서식지를 창출하며 어류들의 은신처와 먹이를 찾는 장소를 늘리기 위해 조성되었다. 수변공간 토론토Waterfront Toronto와 수생주거 토론토Aquatic Habitat Toronto를 포함한 이 협력체는 나머지 개발과 더불어 수행된 '수생 서식지 개선작업'으로 공공부문 품질상Public Sector Quality award을 받았다.[2]

수변공간 재개발

여타 많은 해안 도시들은 기후변화에 대한 바다와 복원력의 연계를 염두에 두고 새로운 도시개발과 재개발을 촉진하려고 노력해 왔다. 뉴욕시는 사람들을 물리적으로나 시각적으로 바다와 다시 연계하려는 노력의 선두주자로 부상하고 있다. 마이클 블룸버그Michael Bloomberg 전 시장은 "뉴욕시를 최고의 수변공간 도시로 환원"하려는 바램에 대해 말했다.[3] 맨해튼에 대한 인상적인 블루 비전, 포괄적 수변공간 계획

그림 4–1. 캐나다 토론토에 있는 '물결갑판'은 방문객이 해안가와 상호 작용을 용이하게 하도록 디자인되었다.(사진 제공: GCE Myers)

Comprehensive Water front Plan 또는 Vision 2020은 2011년 3월에 발표되었으며 보다 상세한 실행 계획과 함께 도시의 수변공간 개선을 위한 명확한 로드맵을 제공한다.[4] 허드슨리버공원Hudson River Park 및 브루클린브릿지공원Brooklyn Bridge Park과 같은 새로운 수변공간 공원은 수면 상승에 대한 완충 지역을 제공하면서 도시의 가장자리를 개선한다. 또한 도시의 수변공간 구역지정 조항과 같은 혁신적인 구역지정 수단은 민간 개발 노력이 공공 수변공간을 보완할 수 있도록 만들어졌다.[5]

수변공간 계획의 핵심 부분은 보행자와 자전거가 강에 접근할 수 있는 녹색 길로 육지와 수생 세계 사이의 연결 고리를 보여준다. 카누와 카약을 타는 사람들에게 육지/물 접근 지점을 제공하는 40개 정도의 물길Water Trail 또한 설계되었다. 뉴욕 항구의 해안선을 따라있는 이 지점들은 약 414제곱 킬로미터 면적의 물과 연결되어 엄청난 레크리에이션 혜택과 자연에 대한 접근성을 제공한다. 이미 보트 조립 수업과 조정 교육을 제공하는 플로팅더애플Floating the Apple과 같은 지역 비영리단체에 의해 도심 조정 · 카약 문화가 생겨났다.

해안선과 수변공간에 대한 긍정적인 새로운 수렴이 있다. 우리는 수영, 보트 타기, 새와 자연의 관찰을 제공할 수 있는 물 환경에 대한 근접성의 큰 이익과 가치를 인식하고 있으나 또한 기후변화와 해수면 상승의 관점에서 이러한 가장자리에 대해 다시 생각할 필요성을 점점 더 알게 될 것이다. 이 가치들은 서로를 강화할 수 있다. 뉴욕과 같은 도시에서 해안선 가장자리를 개방하면 한 번에 새로운 연계를 제공하고 조수,

주기적인 홍수 및 장기적인 해수면 상승에 더 잘 대응할 수 있는 부드럽고 역동적인 해안선 가장자리를 만들 수 있다.

뉴욕에서 대서양을 건너 네덜란드 도시에서도 많은 일이 일어나고 있다. 특히 로테르담은 2025년까지 자체적으로 '기후 방호Climate Proofing' 목표를 설정했다. 로테르담은 2008년부터 기후변화에 적응하기 위한 전략이 있으며, 기후변화의 불가피한 영향에 대한 계획을 세울 필요가 있다는 징표로써 최근 통합된 지속가능성·기후변화부Department of Sustainability and Climate Change를 설립했다.

아르노드 몰레나Arnoud Molenaar는 도시의 기후 방호 프로그램을 운영한다. 2012년 7월에 로테르담에 있는 그의 사무실에서 그를 인터뷰했다. 그가 언급한 가장 흥미로운 아이디어 중 하나는 워터플라자water plaza 개념이었다. 즉, 폭풍이 닥쳤을 때 빗물을 모으고 저장하도록 공공장소와 공공 광장을 재설계하는 것이다. 몰레나가 언급했듯이, 워터플라자는 다기능 설계에 대한 도시의 우선성을 반영하고 빗물을 찬양하고 도시에서 더 잘 보이게 하려는 도시설계 아이디어를 수용하는 것을 통해 통상적인 공학적 물 접근방식을 피한다. 건기 동안 광장은 활기차고 활동적인 근린공원과 공동체 모임을 위한 공간이 되도록 설계되었다. 비가 높이 내리는 계절에는 물을 채우고 흐름을 유지·조절하며 중요한 임시 물 저장소로 기능하도록 설계되었다. 이 습한 기간 동안 폭우를 지하 파이프를 통해 재빨리 배출하여 사람들을 비로부터 보호하는 전통적 접근방식과 달리 공동체는 폭우를 환영하게 된다.

도시가 기후변화 효과를 성공적으로 관리하기 위해 얼마나 많은 워터플라자가 필요한지는 명확하지 않지만 첫 번째가 현재 건설 중이며 더 많은 것이 진행 중이다.

로테르담과 같은 해안 도시가 직면한 어려운 도전에도 불구하고, 몰레나는 놀랍도록 낙관적이다. 그와 다른 사람들은 기후변화와 해수면 상승을 도시의 사회적 경제적 활력을 강화할 기회로 본다. 몰레나는 기후 방호 구상의 핵심 축은 '후회 없음'이라고 나에게 말했다. 즉 취해진 조치는 도시의 매력과 삶의 질을 향상하기 위해 설계되어야 한다.

로테르담은 기후변화와 극심한 기상 현상에 직면하여 여러 면에서 훨씬 더 탄력적일 수 있도록 설계하고 있다. 게다가 이러한 일을 성장할 공간이 제한된 국가의 맥락 하에서, 또한 상업적으로 유용하며 수익성 있는 항만을 유지해야 하는 도시에서 이를 수행한다. 발전된 도시의 일부를 되찾기 위한 물에 관한 계획이지만, 로테르담은 이른바 마스블락테Maasvlakte 항만프로젝트와 더 최근에는 마스블락테-2Maasvlakte-2를 통해 항만 시설을 바다 쪽으로 확장하는 데 주저하지 않았다.[6] 이 항만의 서쪽 확장은 진정한 네덜란드 방식으로 바다에서 광대한 땅을 매립한다. 최종적으로는 1천 헥타르의 새로운 산업적인 항만 토지를 만들어 수심 17미터가 넘는 물을 채울 것이다. 로테르담의 '지속 가능한 항만'으로 자칭되는 이 확장은 북해North Sea에 대한 영향을 최소화하기 위한 세련된 디자인과 바다에 취한 광범위한 환경적 보상 등 많은 생태학적 디자인의 특성이 있다(2만 5천 제곱미터의 해저 보호구역, 사구 복원구역

그리고 몇몇 육지에 기반을 둔 공원조성 포함).[7]

로테르담 이야기가 우리에게 부분적으로 말해주는 것은 해안선/물가장자리 조정에 대한 우리의 접근방식이 벽, 제방 및 기타 정적static 구조에 의존했던 과거의 공학적 접근방식보다 더 창의적이고 역동적이어야 한다는 것이다. 홍수 벽과 수문에 대한 투자는 어떤 장소와 상황에서는 타당하지만, 우리는 홍수와 떠오르는 바다에서 사는 것을 상상할 새로운 방법을 찾아야 한다. 바다의 존재를 무시하지 않고 수용하는 건물, 공공 공간 설계 및 정책은 지속 가능한 미래에 대한 가장 큰 가능성을 가지고 있다.

바다의 영역과
연결되는 건물

대규모 해안 설계가 해안가를 보다 지속 가능하고 탄력적인 장소로 바꾸는 데 가장 큰 영향을 미치기는 하지만, 개별 건물의 건축은 해양과 도시의 연계를 더욱 확립할 수 있는 흥미로운 가능성을 가지고 있다. 힝민 및 해양도시의 해안 건물은 해양 보선을 중심으로 구상·계획·설계될 수 있으며 이러한 환경에 대한 보다 직접적인 연계를 촉진할 수 있다.

많은 도시에는 현지 자연에 특별한 이점 또는 접근을 제공하도록 설

그림 4–2. 방문객들이 워싱턴주 시애틀에 있는 하이램 엠 치텐덴 수문에서 연어가 헤엄치는 모습을 보고 있다.(사진 제공: Robert Gately Jr.)

계된 녹색 문화시설을 가지고 있다. 서호주 퍼스와 싱가포르와 같은 도
시들은 보통과는 다른 전망을 제공하는 높은 구조물인 정교한 산림으
로 덮인 산책로를 건설했다. 우리는 수중과 바다에서 예를 들어, 유사하
게 드러나는 시야를 제공할 수 있는 수중 부두pier와 동등한 어떤 비슷한
기회를 발견할 수 있을까?

시애틀 인근 발라드Ballard의 하이램 치텐덴 수문Hiram Chittenden Locks은
문자 그대로 '바다 세계의 창'의 현존하는 사례를 제공한다. 여기에서는
연어가 산란지로 이동하는 특이한 수중광경을 방문객이 볼 수 있도록
수문의 어류 사다리에 유리 패널이 설치되어 있다. 발라드 록스(현지에
알려진)를 방문하면 재미있는 현지 활동의 모든 목록이 만들어진다.

오슬로 오페라하우스

최근 노르웨이 오슬로를 여행했을 때, 나는 도시의 해안가 성장이
독특한 물 환경을 어떻게 활용할 수 있는지에 대한 새로운 생각에 깊은
인상을 받았다. 그 도시의 도시 디자이너와 기획자들은 오슬로를 '피오
르 도시Fjord City'라고 말하고, 미래의 개발이 이 특별한 수중 환경과 연결
되고 존중될 수 있는 방법을 상상하고 있다. 피오르 도시 계획은 수변공
간의 미래를 위한 원칙과 전망을 펼쳐놓으며 준비되었다. 이 계획은 새
로운 피오르 도시공원, 새로운 수역의 '활성화'(예를 들어 보트 타기와
수영을 위한 공간 만들기), 전 항구에 걸친 산책로, 바다와 시각적 연결

을 보장하기 위해 도시의 새로운 건물 높이를 제한하는 것과 같은 흥미로운 개념들과 함께 준비되었다.[8]

이 계획의 설명에 따르면: "수변공간은 모두가 사용하고 긍정적인 연계를 얻을 수 있는 더 큰 공동 도시 공간의 일부가 될 것이다. 물은 마법적·유기적·보편적인 요소이며 오슬로의 모토인 '푸른 도시와 녹색 도시를 향하여The Blue and the Green, the City in Between'는 이제 강화되고 훨씬 더 선명한 콘텐츠를 제공할 수 있다. 매력적이고 완전한 항구 산책로와 일련의 공공 공간을 건설함으로써, 아름다운 해안선이 형성되고 피오르가 인근 도시 지역과 연결된다."[9]

오슬로 오페라하우스Opera House의 극적인 디자인은 도시의 창의적인 접근방식을 잘 보여준다. 건축 회사인 스노헤타Snøhetta가 디자인 공모전에서 채택한 이 디자인은 건물의 주요 디자인을 항구 및 내부 피오르와의 연계를 향상하는 요소로 구성하였다. 거의 4에이커에 달하는 건물의 화강암 지붕은 피오르 쪽으로 경사져 있어 크고 독특한 도시 광장을 만들어내고 방문객이 주변의 수중세계를 사실상 만지고 담글 수 있다. 한 설명에 따르면 "이 프로젝트는 새 건물에 의해 피오르가 막히지 않도록 설계되었다. 실제로 오페라 부지는 오슬로 피오르 내부의 더 큰 경관을 새롭게 경험할 수 있는 확장된 도시 공간 형태로 넉넉하게 되돌려 진다."[10]

여름철 오슬로를 방문했을 때, 오페라하우스는 여러 층을 가로지르는 보행자들, 피오로와 하늘의 푸르름을 고려한 높은 지붕에 앉아 있

그림 4-3. 오슬로 오페라하우스의 디자인은 건축과 물의 관계를 재정의한다.(사진 제공: 저자)

는 사람들, 낮은 곳에 머물러 있는 일부 사람들, 물에 닿기 위해 물의 가장자리로 과감하게 내려가는 일부 사람들, 특히 아이들로 분주한 장소였다.

시애틀 수족관

도시 수족관은 도시 사람들에게 바다에 대해 교육하고 해양환경에 연계할 수 있는 기회를 만드는 데 중요한 역할을 한다(이 역할은 제6장에서 자세히 설명한다). 그러나 전시물 외에도 이러한 시설의 물리적 공간과 디자인은 더 큰 교육적 임무를 확장할 수 있으며 어항·해양생물과 함께 필수 요소로 간주해야 한다.

시애틀에서, 새로운 디자인 아이디어는 향후 20년 동안 크기를 두 배로 늘릴 계획인 시애틀 수족관에 관한 것이다. 이러한 확장은 도시 주민을 해안가에서 분리한 이른바 비아덕트Viaduct라고 불리는 대형 고속도로를 제거하는 것을 통해 가능하게 될 것이다. 미툰 건축Mithun Architects은 생물애적·생체모방적 원칙에 기초하여 이 확장된 수족관의 외양이 어떨지에 대한 대담하고 혁신적인 개념 계획concept plan을 준비했다. 향후 몇 개월간 시설에 대한 보다 세부적인 기본계획으로 이어질 개념 계획은 수족관과 방문객을 해양과 더 밀접하게 연계하는 구조를 제안한다. 실제로 이 계획은 수족관 캠퍼스를 따라 해안 가장자리를 북서부의 상징적인 물고기인 연어의 향상된 산란 서식지로 계획하고 있다. 연어는 햇빛을 좋아하고 해안선 가장자리를 껴안는 경향이 있으므로, 계획은 햇빛을 최대화하고 어류의 이동 통로를 제공하는 것을 추구한다.

기존 구조의 주요 설계 혁신 중 하나인 해수 냉각체계는 기존 건물에서 이미 실행 중이다. 또한 미툰이 설계한 이 체계는 '열교환기'를 통해 전시품의 물을 순환시켜 수족관의 메인 홀 중 하나에 에어컨을 만든다. 이것은 에너지 비용과 수족관의 탄소 발자국을 줄여준다.

수중건물

　사람과 해양을 연계하는 건축의 한계를 뛰어넘는 것을 선호하는 이들에게 수중건물은 또 다른 가능성의 영역을 제공한다. 몰디브Maldives에 있는 콘라드 랑갈리 아일랜드 리조트Conrad Rangali Island Resort의 멋진 수중레스토랑은 곡선형 투명 아크릴을 사용하는 최신 수족관 기술로 지어졌다. 이타 수중레스토랑Ithaa Undersea Restaurant(리조트에서는 이것이 세계 최초임을 자랑함)에서 고객들은 수심 5m의 해저 생활을 특이하게 바라볼 수 있다.[11]

　레스토랑에는 14명의 고객만 앉을 수 있지만, 예약석을 차지한 소수의 사람들은 그 경험을 금방 잊을 수 없다. 극적인 사진들을 보면 우리는 다른 세계에 깊이 빠져드는 듯한 느낌을 받는다. 호텔 웹 사이트가 자랑하는 바와 같이 레스토랑은 "산호초와 투명한 아크릴로 둘러싸인 채 270도의 탁 트인 수중 전망을 제공한다."[12]

　이러한 수중 프로젝트의 또 다른 예는 피지Fiji의 석호潟湖 바닥에 지어진 포세이돈수중휴양시설Poseidon Underwater에서 볼 수 있다. 이는 장거리 여행을 할 수 있고 이를 감당할 수 있는 사람들에게는 아름답고 심오한 경험일 것이다(휴양시설에서 일주일 동안 머무는 비용은 커플당 무려 $30,000이다). 방문객들은 수면에서 약 15미터 아래에 있는 수중 스위트룸에 머물면서 헤엄치는 해양생물의 멋진 전망을 즐길 수 있다: "모든 방들은 더블 침대, 천장으로 이어진 거대한 아크릴 플라스틱 창

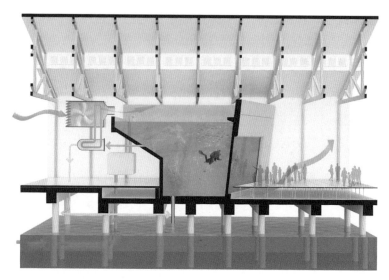

그림 4-4. 시애틀 수족관의 해수 냉각체계 도해(사진 제공: Mithun)

그림 4-5. 콘트라 몰디브 랑갈리 아일랜드 호텔의 이타 수중레스토랑(사진 제공: Sura Ark)

을 가지고 있는데, 이 아크릴 창을 통해 수정처럼 맑은 푸른 바다의 멋진 광경과 바다의 거주자들을 볼 수 있다. 그리고 특별한 원격조정을 통해 방에서 직접 바다거주자들에게 먹이를 줄 수 있다. 모든 투숙객은 해변에서 잠수함이나 특수 터널을 이용하여 리조트의 레스토랑, 바 또는 스파에 들어갈 수 있다."[13]

현재 이러한 종류의 수중 체험은 매우 부유한 사람들만 접근할 수 있는 사치품이다. 그러나 도서 국가와 해안 도시가 기후변화와 해수면 상승에 대비하기 위해 바다와의 관계를 다시 생각함에 따라, 이러한 최첨단 수중건물을 설계한 기업가들이 개발한 아이디어들은 보다 접근하기 쉽고 적정한 가격의 디자인을 만드는 것에 대한 이해를 주리라고 기대한다.

건물과 해수면 상승

2010년 뉴욕 현대 미술관에서 열린 부상하는 흐름Rising Currents 전시회는 해수면 상승으로 인한 디자인의 문제 인식을 고취하고 매우 창의적인 디자인 아이디어를 만들어냈다. 이 전시회는 해수면 상승에 적응하기 위한 아이디어를 개발하기 위해 다섯 개의 건축가 팀을 초청했으며, 팀들은 뉴욕 항구의 5개 지역 중 하나에 각각 배정되었다. 오래된 굴 양식장의 복원에서 수중 환경에 더 잘 견디기 위한 창 인프라window infrastructure 재설계에 이르기까지 디자인은 혁신적이고 시각적으로 인상적인 것들이었다.

　나의 이목을 끈 한 참가팀은 뉴저지주 베이온Bayonne의 정유공장을 재생하기 위한 매튜베어드 건축Matthew Baird Architects의 디자인이었다. 1920년대에 지어졌으나 현재는 작동하지 않는 이 오래된 정유공장은 과학자들의 현재 추정에 따르면 60년 후에는 물 속에 잠길 것이다. 베어드와 그의 팀은 바이오 연료를 처리하고 뉴욕시의 풍부한 유리 폐기물(연간 5만 톤으로 추정)을 재활용하여 직경 약 0.9미터의 뾰족한 유리 조각들로 만들어내는 교각체계로 이 정유공장을 재설계했다. 그런 다음 이 '잭jacks'을 항구에 배치하여 홍수의 흐름을 늦추고 산호초를 모델로 한 새로운 생태 서식지를 만든다. 『뉴욕타임스』 기사는 이것들을 "물이 더 많은 뉴욕을 상상하는 것"(부드럽게 말하면)에 초점을 맞춘 전시회를 통해 촉진된 많은 아이디어 중 일부에 불과하다고 묘사했다.[14]

푸른 지붕과 블루 어바니즘

　계획 · 설계 선택은 해안가와 직접 연계되는 개발을 넘어 도시가 바다와 상호 작용하는 방식을 구체화한다. 이것은 도시가 빗물을 처리하는 방식에서 특히 분명하다. 로테르담과 같은 도시는 녹색 옥상들green rooftops을 포함하여 빗물을 유지하고 처리하기 위해 다양한 도시 기술을 채택했다. 도시와 바다 사이의 연계를 명명할 때 고려할 첫 번째 사항은 아닐 수도 있지만, 녹색 옥상은 실제로 도시 주변의 해역에서 해양생물에 영향을 미치는 오염된 배출량을 줄이는 데 크게 기여할 수 있다.

녹색 지붕은 또한 해안 도시가 대기 오염 물질(예: 온실가스 배출, 석탄연소 발전소와 관련된 수은 및 NOx와 같은 더욱 일반적인 대기 오염 물질들)로부터 빗물 유출수와 침전물을 포함한 수질 오염 물질까지 도시의 독성 오염 물질을 줄이기 위한 방법을 모색하며 혁신적인 프로젝트를 개발하는 영역이다.

전 세계 도시가 녹색 옥상, 생태수로biowales와 빗물정원, 투과성 포장 permeable paving 그리고 나무 심기 등을 통해 다양한 형태의 저-충격 개발 및 물에 민감한 도시설계를 구현함에 따라, 이 영역에서 많은 진전이 이루어졌다. 건축가들은 해안 도시의 녹색 지붕이 바다와 연계되어 있고 해안 도시의 정책이 이러한 유형의 개발을 장려해야 한다는 것을 이해해야 한다.

2012년, 나는 포르투갈 리스본Lisbon에서 세계에서 가장 크고 흥미로운 녹색 지붕 프로젝트 중 하나를 둘러볼 기회가 있었다. 도시의 주요 시립 하수처리장Etar de Alcântara 옥상 전체가 물을 보존해 폭우 때 해양으로 유출될 수 있는 범람을 줄여줄 뿐만 아니라, 상당한 양의 도시 녹지 및 밀집된 도심 속에서 야생 동물 서식지를 제공하는 녹색 옥상이다. 마누엘 아이레스 마테우스Manuel Aires Mateus가 설계하고 2011년에 완공한 이 구조는 본질적으로 지붕에 정원부지의 정교한 연결망을 만들어 처리시설을 거의 완벽히 아래로 숨기는 복잡한 옥상이다. 위에서 내려다보면 단지 또 다른 농장이나 채소농원이라는 느낌을 준다.

뉴욕시는 녹색 옥상뿐만 아니라 물 보유 기능으로 특별히 설계될 소위 푸른 지붕 개념도 수용했지만, 이 아이디어는 아직 완전히 구현되지 않았다. 뉴욕시 환경보호국Department of Environmental Protection에 따르면, 푸른 지붕은 "빗물을 저장하는 비식물성 소재의 조절 기제이다. 지붕 배수구와 지붕을 따라 서 있는 둑들weirs이 일시적인 웅덩이를 만들고 단계적으로 빗물을 방출할 수 있다. 푸른 지붕은 녹색 지붕보다 저렴하다. 밝은 색상의 지붕 재료와 결합하면 옥상 냉각을 통해 지속가능성의 이점을 제공할 수 있다."[15]

따라서 푸른 지붕은 본질적으로 빗물 저류지water detention의 어떤 형태를 포함한다. 욕조 넘침 방지 배수구bathtub overflow drain와 달리 빗물은 배수되기 전에 모이고 몇 인치 상승하는 것이 가능하다. 뉴욕시에서는 푸른 지붕 아이디어가 이미 학교 건물에 광범위하게 적용되었다.[16]

앞서 언급했듯이 삼각주 도시인 로테르담은 상당한 비와 강물 홍수뿐만 아니라 해수면 상승의 장기적인 위협에 직면해 있다. 예를 들어, 도시의 도심개발은 도로와 자동차를 위한 공간을 만들기 위해 도시의 수로를 포장하는 등 역사적으로 존재했던 홍수와 빗물 보유 기능의 일부를 제거했다. 로테르담은 이미 대형 수문을 건설했지만 더 많은 것이 필요할 것임을 알고 있다. 도심은 물 보유 능력을 확대하기 위해 다양한 조치를 시행하기 위해 전진하고 있다. 녹색 옥상을 설치하는 것은 중

그림 4-6. 포틀랜드의 10th@Hoyt 아파트에서 모든 빗물은 현장에서 처리되고 일련의 통로와 물 지형을 통해 순환된다.(사진 제공: 저자)

요한 전략 중 하나이며, 이제 도심은 설치 보조금 프로그램을 가지고 있다. 2008년부터 약 10만 제곱미터의 녹색 지붕이 도심에 설치되었으며, 이 도심은 매년 4만 제곱미터의 새로운 녹색 지붕을 추가한다는 인상적인 목표를 가지고 있다.

빗물 저감 가능성을 위해 지붕 이외의 다른 수단을 찾아보면 오리건주 포틀랜드Portland, Oregon와 같은 도시는 자연 빗물 저장을 도로와 보도에 혁신적으로 통합하여 이를 '녹색 거리'라고 부른다(약 수천 개의 소규모 빗물 저장 지형이 있음). 로테르담 그리고 뉴욕과 같은 도시에서는 더 많은 구조적 물 보존 수단들이 혼합되어 있다. 로테르담의 최근 사례는 상당한 양의 새로운 물 저장 공간을 포함하도록 재설계된 새로운 지하 주차장의 건설이다(약 1만 리터의 새로운 물 보유 용량을 제공; 이 사례는 도시 행동의 정당성을 입증하는 가운데 최근 주요 폭풍 속에서 가득 찼다).

우리의 미래인 부유浮遊식 도시

도시 거주자의 삶의 질 향상과 해양생물을 위한 수질 개선은 그 자체로 훌륭한 목표이지만 이러한 전선을 주도하고 있는 해안 도시의 기획자 · 정치인 · 설계자 또한 기후변화의 영향에 대비해야 한다는 것을 알고 있다. 해안 지역에서 주요 관심사는 증가하는 폭풍 수준과 빈도, 상승하는 바다이다. 뉴욕에서 다카Dhaka에 이르는 많은 해안 도시에서 기후변화와 해수면 상승을 고려하여 그들의 가장자리를 재구상하기 위한 진지한 노력을 기울이고 있다. 인구 증가, 빈민가에 대한 대안, 육지와 바다 사이의 '부드러운 분할soft division' 아이디어를 탐구하는 것이 이러한 노력의 핵심 관심사이다.

다카와 같은 도시의 미래는 사이클론과 해수면 상승에 직면하여 인간의 취약성을 증대시키는 빈곤과 인구 밀도의 조합과 더불어 실로 물에 관한 것이다. 일부 추정에 따르면, 방글라데시의 1/3이 바다가 떠오르면서 사라질 것이다. 이러한 상황에서 무엇을 해야 할지는 어려운 질문이지만, 방글라데시 정부는 인상적인 적응 계획을 개발하고 실행하기 시작했다. 이 계획에는 약 2,500개의 새로운 높은 사이클론 대피소 건물이 포함된다(가장 중요한 개인 및 가족 자산, 즉 가축을 가져올 수 없는 경우 가족이 더 안전한 땅으로 대피하지 않는다는 것이 중요한 교훈임). 인프라를 구축하는 것 외에도 정부는 상대적으로 높은 휴대 전화 사용률을 활용하여 다가오는 폭풍에 대한 인지를 확산시킬 수 있었다. 이것은 최근 역사에서 홍수로 인한 인명 손실을 크게 줄였다.

정부 외에도, 비영리 부문도 기후에 민감한 적응도를 더욱 높이기 위해 노력하고 있다. 방글라데시 건축가 무하마드 리즈완Mohammed Rezwan과 그의 비영리단체 시두라이스와니르바상스타Shidhulai Swanirvar Sangstha는 수상 학교, 도서관 그리고 보건 센터를 제공하기 위해 90척 이상의 배를 사용했다. 대나무 지붕과 벽siding이 있는 이 전통적인 목조 보트에는 인터넷 연결과 태양에 의해 구동되는 전등이 포함된다. 리즈완은 "방글라데시에 보트는 미래이다"라고 말한다.[17]

이 보트의 대부분은 떠다니는 학교 역할을 할 뿐만 아니라 홍수로 집을 잃은 방글라데시 가정을 위한 '기후 보호소'로도 사용할 수 있다. 이 보트는 리즈완이 개발한 영리한 체계를 통해 식량을 생산할 수도 있다. 그는 페스트컴퍼니Fast Company와의 인터뷰에서 이 '태양광 물 농장 solar water farming' 체계에 대해 설명한다: "[이 체계에는] 부레옥잠으로 만든 부유식 배양 판(채소 재배용), 어망과 죽간(어류 키우기 용)으로 만든 휴대용 원형 인클로저, 태양광 전등으로 구동되는 부유식 오리 우리 coop가 포함된다… 이것들은 재활용 체계를 가지고 있다. 오리 거름은 어류 먹이로 사용되며, 오래된 부레옥잠 배양 판은 유기질 비료로 판매되며, 그리고 태양에너지는 오리알 생산을 유지하기 위해 오리 우리를 밝힌다."[18]

바다의 표면이나 수중에 존재하는 부유식 도시 또는 해양환경에서의 본격적인 영구 · 반영구적 거주의 형태 등 보다 기발한 아이디어가 그간 있었다. 오늘날 비현실적으로 보이는 것은 미래의 공통 경험 영역의 일부가 될 수 있으며 지구의 일부 바다 경관seascape을 지속 가능하게 점유할 수 있는 방법을 찾는 데 가치가 있다. 예를 들어, 벨기에 건축가 빈센트 콜버트Vincent Callebaut는 물에 뜨는 수련의 잎 모양의 독립형 도시를 위한 극적인 디자인을 제안했다. 이 부유식 도시는 주민들이 필요로 하는 모든 물, 식량, 에너지를 생산하고 5만 명의 인구를 수용한다. 재활용 섬Recycled Island이라고 불리는 유사한 수상 도시 구상이 네덜란드 건축가 라몬 노에스터Ramon Knoester와 회사 윔 아키텍처WHIM Architecture에 의해 추진되었다. 노에스터는 수상 도시가 쓰레기를 청소하는 데 도움을 줄 수 있는 약 50만 명의 주민들과 함께 거대한 태평양 쓰레기 지대에 위치하는 것으로 구상했다.[19]

이러한 아이디어는 1960년대 일본의 메타볼리스트Metabolist 건축 운동과 사람들 주위를 둘러싼 수직 · 해저 공간에서 현대 도시의 확대와 확장을 상상한 겐조 단게Kenzo Tange와 같은 건축가의 디자인 아이디어를 떠 올리게 한다(예: 단게의 1960년 도쿄 항구 계획).[20] 부유식 도시에 대한 아이디어는 단기적으로는 가능성이 적지만, 어느 날 인간이 배와 보트에서 적어도 바다 표면을 어느 정도 차지하는지에 주목하는 것은 흥미롭다.

네덜란드인은 해수면 상승 문제를 해결하고 적응하기 위한 장기적인 전략을 개발하고 물과의 연관성을 창의적으로 재고하기 위해 다른 어떤 문화보다 아마 더 많은 일을 해왔을 것이다. 아마도 로테르담과 네덜란드의 다른 지역에서 탐구되고 있는 가장 흥미로운 아이디어는 부유식 건물과 집에 대한 것이다. 로테르담은 약 1,600헥타르 크기의 도시 중심에 가까운 방파제 보호 밖에 있는 항구 공간의 대부분을 부유식 구조물이 수용할 수 있다고 상상하고 있다. 레인하벤Rijnhaven으로 알려진 항구의 일부에서, 도시는 부유식 구조물의 가능성을 보여주기 위해 매우 흥미로운 부유식 구조물인 파빌리온Pavilion의 설계를 의뢰했다(디자인 혁신뿐만 아니라 태양광 발전으로 특수 설계된 경량 포일로 덮여 있음). 초기에는 임시적이고 실험적인 구조물로 보였지만, 본질적으로 일종의 지속가능성 정보센터로 기능해왔으며 도시의 항구에서 곧 사라질 것 같지는 않다.

부유식 주택 지역이 이미 다른 네덜란드 도시에 나타나고 있다는 점도 주목할 가치가 있다. 주목할 만한 것은 암스테르담의 아이제이부르그IJburg 신新 지구의 스타이거라이란트Steigereiland 지역에 있는 수상 주택

133

그림 4-7. 로테르담 항구의 레인하벤에 있는 파빌리온(사진 제공: H. van den Heuvel)

이다. 이 개발은 암스테르담의 서쪽과 북쪽에 있는 아아제이미어IJmeer 또는 아이제이IJ 호수로 확장되는 일련의 섬에 대해서 이루어졌다. 2013년 여름에 방문했을 때, 나는 이 주택의 디자인 품질과 이 '물 지역'이 제공하는 매우 긍정적인 삶의 질에 깊은 인상을 받았다.

부유식 주택 개념의 비결은 구조물이 바다와 함께 위아래로 움직이도록 집 모서리와 연결된 대형 말뚝으로 보인다. 나는 그런 '수상 가옥'에서의 생활이 조금 복작거리고 평온하지 못할까 봐 걱정했지만, 한 거주자는 집의 작은 움직임에 익숙해지기 쉬우며, 어쩌면 암스테르담의

그림 4-8. 암스테르담 아이제이부르그의 수상 주택(사진 제공: 저자)

하우스보트에서 살아온 오랜 전통과 별반 차이가 없다고 말했다.

아이제이부르크Jburg의 많은 주택들은 3층이었고, 어떤 경우에는 주변의 물 환경으로 확장되고 가족 보트를 계류할 장소를 제공하는 갑판과 중정을 포함한다. 주위를 둘러보면서, 나는 그러한 보트가 가족용 자동차를 대체했을지도 모른다는 느낌을 받았다. 아이제이부르그는 대중교통이 잘 제공되므로 자동차가 거의 필요하지 않으며 보트는 오락 목적에 더 적합하다. 어떤 경우에는 주택 근처에 부유식 정원과 녹지가 있다. 〈그림 4-8〉에서 볼 수 있듯이, 이 주택들은 육지 단독 주택의 외관, 느낌과 모든 현대적인 편의 시설을 갖추고 있다.

더 부드러운 도시 가장자리

부유식 도시와 주택 그리고 자급자족 보트 이외에, 몇몇 해안 지역으로부터의 퇴각 개념은 더 부드러운 가장자리를 계획하는 것처럼 기후변화에 적응하기 위한 전략의 핵심 부분이 되어야 한다. 뉴욕시의 '부드러운 가장자리'라는 구상은 많은 디자이너의 상상력을 사로 잡았다. 버지니아 대학교University of Virginia에서 건축학을 전공한 아담 야린스키 Adam Yarinsky와 그의 회사 ARO Architecture Research Office는 맨해튼의 투과되는 거리permeable streets와 주변 습지를 위한 새로운 종류의 연성 기반시설에 관심이 있다. 해수면 상승Rising Seas 대회에서 팀이 제작한 예상도는 극적이며 널리 보급되었다. 그들은 육지에서 물로의 보다 자연스러운 전환을 위해 격벽과 고정된 방조제를 피하는 변형된 해안선을 보여준다. 이러한 보다 역동적인 접근방식의 장점은 많다. 첫 번째는 비싸고 고정된 단단한 구조물이 더 빈번하고 예측할 수 없는 폭풍과 홍수에 직면할 때 쓸모가 없을 것임을 인식한다는 것이다. 또한 단순히 물과 홍수로부터 우리 자신을 보호하는 것이 아니라 수생 가장자리와 그 너머의 물 주변 환경에 참여하고 결합하는 가장자리 재고의 가치를 알아보는 것이다.

조경 건축가 케이트 오르프Kate Orff와 그녀의 스케이프 스튜디오Scape Studio 팀은 뉴욕시의 부드러운 가장자리에 대해 다른 접근방식을 사용한다. 그들은 '굴-건축Oyster-tecture'의 한 형태를 제안했다. 이것은 굴이 도시의 물을 깨끗하게 하고 폭풍과 홍수에 대한 완충 역할을 하는 굴 양식장을 재건할 수 있는 '곱슬곱슬한 밧줄 망web of fuzzy rope'으로 새로운 굴 암초를 만드는 개념이다. 굴의 물 정화 능력은 실제로 인상적이며, 각각의 굴은 하루에 50갤런의 물을 여과할 수 있다고 한다.

'굴-건축'은 다른 장소와 도시 해안환경에서도 사용되고 있다. 2008년부터 챔버스 디자인Chambers Design의 닐 챔버스Neil Chambers는 사우스캐롤라이나주 머틀 비치Myrtle Beach에 있는 롱 베이Long Bay 하구의 수질복원 프로젝트를 주도했다. 롱 베이 하구는 자연적인 해안선의 손실과 머틀 비치의 심한 개발 압력에 따라 수질이 악화되는 것을 목격했다. 챔버스Chambers, 시티 오브 머틀 비치City of Myrtle Beach 및 코스탈 캐롤라이나대 Coastal Carolina College가 공동으로 수행한 이 프로젝트의 목표는 롱 베이의 약 97킬로미터 해안 전체를 따라 역사적인 굴 양식장을 복원하는 것이다. 프로젝트 책임자는 또한 다른 그룹이 미국 동부 해안선 전체를 따라 유사한 종류의 프로젝트를 수행하기를 희망한다.

흥미롭게도 팀의 주요 장애물 중 하나는 새로운 굴 암초를 만드는 데 필요한 굴 껍데기를 구할 수 있는 곳이었으며 주의 자연자원부 department of natural resource에서 기부한 공급은 세한석이었다. 챔버스의 창의적인 해결책은 지역 식당에서 껍데기를 구하는 것이었다. 이는 지역 매립지에서 일부 폐기물을 재활용하고 전환하는 흥미로운 사례이며, 또한 도시 주민들을 이 하구의 건강과 복원에 연계시키는 것이다.[21]

결론

로테르담의 '후회 없음' 관점에서 알 수 있듯이, 기후변화에 적응하는 것은 삶의 질과 도시 지속가능성을 향상할 수 있는 기회를 나타낸다. 탄소 배출량을 줄이는 보다 탄력적이고 분산적인 에너지 체계에 대한 관심이 이미 새롭게 나타났다. 아마도 또 다른 교훈은 보다 탄력적인 도시 문화를 육성하는 데 도움이 필요하다는 것이다. 몇 년 전 기후와 물 문제가 있는 이탈리아 베니스에서 가르치던 시절이 생각났다. 베니스는 상당히 크고 값 비싼 일련의 홍수 벽('모세 프로젝트'로 알려짐)을 건설하고 있으며 많은 취약한 다른 도시에서도 공학적 접근방식을 고려하고 있다. 모세 프로젝트는 효율성과 비용(후자는 약 80억 달러)에 대한 질문과 환경적 영향에 대한 우려로 많은 논쟁을 벌여 왔다(계속되고 있음).

그러나 모세 이전, 도시는 작고 놀라운 방법으로 물 문제에 성공적으로 대처하고 적응할 수 있었다. 사회적으로 널리 퍼져있는 위험적응 전략이 값 비싼 구조적 해결책에 대한 믿음보다 더 합리적이거나 적어도 말이 되는 경우가 많다.

나는 만조Acqua Alta 기간 동안 베니스에서 지낸 삶을 매혹적으로 지켜보았던 것을 기억한다. 나는 거리에 고여 있는 물을 걸어서 지나가는 우편물 배달부, 임시 비계 보도scaffolding walkways를 통한 관광객과 주민들의 이동, 홍수 날에 여행할 장소와 방법에 대한 신중한 계획을 봤다. 이른 아침 경보는 도시의 주민들에게 물이 불어나는 것을 알리고 부츠를 신으로고 경고했다.

나는 만조 기간에 주민들 사이에서 수많은 도움과 우정의 교류를 목격했다. 어떤 경우에는 사람들이 범람한 거리를 가로질러 이동하기도 하고 통과할 수 없는 물을 피해 원하는 목적지에 도착하는 위치와 방법에 대한 정보 교환을 했다. 이런 종류의 사회적 접촉과 협력을 육성하고 아래로부터 그리고 사람에서 사람으로 회복력 있는 도시 감각을 배양하는 것은 의심할 여지 없이 더 큰 사회적 가치가 있다.

미래의 위험을 완화하기 위해 해안 도시가 직면한 도전은 거대하고 전례가 없지만, 더 지속 가능하고 탄력적인 도시 문화의 토대를 마련할 수 있는 전례 없는 기회를 제공할 수 있다.

약 20년 전 뉴 어바니즘 회의CNU: Congress for the New Urbanism는 작고 보행 가능한 도시와 마을에 대한 지속 가능하고 잘 보살피는 모델을 기반으로, 도시와 근린지역을 만드는 새로운 모델을 시작하고 촉진하기 위해 설립되었다. 현재 이 회의는 수천 명의 회원과 수백 개의 프로젝트로 새로운 도시화의 설계 원칙을 반영한 다양한 건축 및 성장 가능성을 보여준다. 새로운 도시화는 비판과 논란을 불러일으켰지만, 물리적 디자인의 중요성과 차량에 덜 의존적인 소형 도시 형태의 필요성을 강조하는 데 도움이 되었다. 어쩌면 물과 흙 사이의 지각적인 물리적 장벽을 극복하고 육지와 해양의 보다 의식적이고 사려 깊은 통합을 장려하는 현대 도시를 설계하고 계획하는 방법을 상상할 때가 되었다.

아마도 해양 옹호자 · 과학자 · 도시 계획가 · 건축가 등의 새롭고 강력한 조합을 불러모으는 **블루** 어바니즘 회의_{Congress for the *Blue* Urbanism}를 위한 시기이다. 그리고 뉴 어바니즘과 마찬가지로 바다와 해양환경에 대한 관심을 촉진하고 활성화하기 위한 선언문이 필요하다. 나는 제안된 명칭에 대해 그렇게 진지하게 생각하지 않았고 새로운 조직이 답인지도 확실하지 않다. 그러나 나의 중요한 요점은 뉴 어바니즘 창시자들이 이해한 것과 유사한 방식으로, 바다를 따라, 바다 주변에서, 그리고 몇몇 우리 해양 속에 잠긴 예들에서 건물과 건축환경의 디자인·구성·기능을 재구상할 시간이 무르익었다는 것이다.

제5장

푸른 도시의 토지 이용과 공원을 다시 상상하자

해수면 상승, 그리고 육지와 바다의 경계가 변화할 것을 예상하여 해양과 해양환경을 고려하도록 공간 계획을 재고하는 것은 시기적절한 작업이다. 해안 도시 대부분의 미래 토지 이용계획 및 지역사회 비전은 일반적으로 수천 또는 수백만 명의 도시 거주자들이 사는 곳에서 아주 가까운 거리에 있는 멋진 해양 서식지에 대한 내용을 포함하지 않고 있다. 이러한 전례는 도시와 자연환경 사이의 연계성을 완전히 인식하지 못하는 시대에 뒤떨어진 도시 계획 접근방식을 반영한다.

해안가 및 연안수역을 정책의 영향을 받는 역동적인 장소로 계획하고 평가하면 보다 탄력적인 도시체계와 건강한 해양 생태계를 조성할 수 있다. 이를 위해 고려해야 할 몇 가지 주요 영역이 존재한다. 첫째, 계획자와 정책 입안사는 도시 공산 계획 낮 토지 이용 제어에 대한 인식을 어떻게 확장할 수 있는가? 도시와 지역 계획체계에 대한 개혁이 도시와 해양 사이의 실질적인 연결을 어떻게 더 잘 반영할 수 있는가? 해양보호지역을 식별하고 확장하는 데 있어 도시 계획과 정책이 어떤 역할을 수행할 수 있는가? 마지막으로, 도시 거주자들이 매일 걷고 운전하는 거리나 동네와 똑같이 물을 도시의 일부로 여기도록 장려하면서, 도시 인구의 새로운 '본거지 심상 지도'를 조성하기 위해 무엇을 할 수 있을까?

도시의 지상경계를 넘어서는 사고방식

도시 계획에 대한 블루 어바니즘적 접근은 부분적으로 도시 토지의 본질에 대한 재고를 요구한다. 블루 어반 도시는 육지기반 활동과 개발이 해양환경에 영향을 미치는 방식에 대한 인식 수준을 향상하여야 한다. 이를 위해서 해양환경에 끼칠 부정적 영향을 완화하기 위한 보다 많은 계획의 수립과 규제적 주의가 필요하다.

도시, 심지어 해안 도시도 일반적으로 심해 해양환경으로부터 멀리 떨어져 있지만, 종종 연안 서식지의 토지 사용을 일정 정도 통제하고 있다. 이러한 연근해 서식지는 그 자체로 중요한 장소이지만, 해양세계의 전체적인 시각을 통해 볼 때 연근해 서식지에 대한 세심한 관리는 훨씬 더 중요해진다. 이러한 연근해 서식지가 더 멀리 떨어진 다른 해양 지역과 연계되고 영향을 미치는 방법에 대한 이해는 토지 이용계획에 통합되어야 한다. 우리는 또한 해양과 해양환경을 포괄하도록 계획 및 관리 영역을 확장해야 한다. 다행히도 우리는 이미 일부 주와 지역에서 이를 실행에 옮기고 있다. 많은 해안 주는 일반적인 지상의 범위를 넘어서는 해안 관리를 확장하는 것과 관련된 특정 형태의 해양 계획 구성요소를 개발하였다. 케이프코드위원회Cape Cod Commission와 같은 몇몇 지역 및 지역기관은 계획 · 관리의 경계를 육지 이상으로 크게 확장하였다.

육지의 이용과 성장에 대한 결정은 해안과 해양환경에 긍정적인 영향을 미칠 수 있지만, 이것은 현재 일반적인 것이 아니라 예외이다. 파괴적인 화학물질 유출과 기타 다양한 오염 배출을 제한하는 것이 도시의 우선순위가 되어야 한다. 연안 토지 이용 지침은 최신 과학기술이 각종 유해물질들을 배출하는지에 대한 여부를 확인하기 위해 재검토되어야 한다. 이러한 지침은 나무에서 빗물정원까지, 해양환경으로 배출되는 오염 물질을 최소화하는 토지기반 도시 녹지조성과 같은 창조적 시도를 통해 엄격한 빗물 관리 기준을 채택하고 시행하도록 보장할 수 있다. 많은 해안 도시에서 하수는 의도적으로 또는 합류식 하수관거를 통해 바다로 직접 배출된다. 도시 해안선을 따라 집과 건물을 설계하는 것은 가능하면 보호적이고 복원적이어야 한다. 예를 들어 바다거북 둥지 지역의 외부조명을 제한하고 해안 조류와 기타 생물 다양성의 중요한 서식시 개발을 금시하는 것처럼 말이다.

더욱 논란을 불러일으키는 여러 계획 영역 중 하나는 해안 지역의 건축제한선과 관련된 것이다. 바다 끝에서 얼마나 멀리 떨어져 있어야 새로운 주택과 건물을 배치할 수 있는지와 같은 것들이다. 해변 바로 근처에서 사는 즐거움과 행복은 그 어떠한 것들과도 비교할 수 없지만, 적절한 건축제한선 없이 지어진 집들은 강한 폭풍과 사라지는 해변들에 점점 더 취약해질 것이다. 그리고 특히 침식성 폭풍 이후 해수면 상승에 직면했을 때 바다로부터 더욱 근접해질 것이다. 불행히도 이 해안 가장자리에 있는 해변 생물들에게 중요한 서식지는 거의 남아 있지 않다.

연안의 건축제한선은 육지와 바다 가장자리의 심오한 변화적 특성을 더 충분히 반영해야 하며, 더욱 긴 시간적 틀을 염두에 두어야 한다. 이는 500년 정도면 타당할 것이다. 집들을 바다 가장자리에서 멀리 옮기는 것은 해안 가장자리를 더 잘 보호하고 보전하는 역할을 할 수 있는데, 이것은 정치적으로 어려운 일이기는 하지만, 근처의 해양 서식지를 보호하는 데 도움이 될 것이다. 종종 방조제 건설이나 해변의 양빈 작업과 같은 단기적인 해결책을 선호하는 경향이 있는데, 이는 매우 비용이 많이 들고 장기적으로는 특별히 효과적이지 않다.

장기적인 도시 복원력은 보다 통합된 육지-바다 접근방식의 필요성을 시사하며, 이는 도시 거주자들에게 새로운 바다 기반 오락과 편의 시설을 제공할 기회도 많음을 의미한다. 훨씬 더 필요한 것은 좁은 해안선에서의 활동에 대한 규제와 관리가 아니라 총체적인 접근법을 취하는 정책이다. 이러한 접근방식은 육지에 기반을 둔 분수령과 해양을 상호 연계시키고, 계획 구역이 산에서 대륙붕까지, 그리고 그 너머의 심해까지 확장되는 것을 가능케 할 것이다.

수십 년 동안, 해안 관리 공동체 내에서 해안계획은 육지와 그 해안선에 제한될 수 없고, 제한되어야만 하는 것이 아니라, 해양으로 확장되어야 한다는 인식이 커지고 있다. 이상적으로 해안 관리는 육지와 바다의 원활한 통합을 인정하는 '통합적 해안 관리'가 되어야 한다. 대부분의 진전은 주 차원에서 이루어져 왔는데, 여기에는 하와이, 오리건, 매사추세츠와 같은 초기 선두주자들이 있다. 예를 들어 오리건에서는 1980년대의 해양관리계획에 있어 중요한 해양자원과 자신들의 보호·관리의 목적을 분명히 하였다. 그리고 이후 영해계획을 통해 3해리까지의 항해 활동을 통제하였다. 이러한 주 차원에서의 해양 계획에 대한 노력은 재생 에너지, 해양 매장량 및 보전, 어업 정책과 관련된 일련의 결정을 위한 뼈대 역할을 한다. 또한 미국 연방정부 차원에서도 해양공간계획을 진전시키고 지역적 차원의 계획지역을 지정하기 위한 움직임이 국립해양대기청이 주도하에 이루어졌는데, 그 예로 중부대서양해양지역협의회Mid-Atlantic Regional Council on the Ocean가 대표적이다.

보다 해양친화적인
도시 · 지역 계획체계

케이프코드위원회는 최근에 자체 해양관리계획을 채택하고 시행 중인 지역 계획 및 규제 기관이다. 이 기관은 해양 관련 고려사항을 계획에 포함하고자 하는 다른 지방정부 및 시 당국에도 훌륭한 예를 제공한다. 2011년 위원회가 승인한 케이프코드 계획은 케이프코드 해안에서 3해리 떨어진(평균 만조에서, 주의 관할 구역 경계에 해당) 계획지역을 식별한다. 이 해양 구역 내에서 계획은 북대서양참고래, 혹등고래, 장미목, 뱀장어, 그리고 다른 종의 우선 자연 영역과 같은 몇몇 주요 자원 영역을 식별하고 지도화한다.

비록 우리는 한때 물속에서 단거리를 잠수하는 것 이상을 할 수 있는 능력조차 없었지만, 그 이후로 많은 기술이 우리에게 육지 사용을 넓힐 수 있는 훌륭한 자원과 생물 다양성을 보유한 해양 서식지를 고려할 수 있는 공간 계획을 제공해 왔다. 지리 정보시스템GIS, 원격 감지 및 스쿠버 다이빙은 다른 기술과 접근방식 중에서도 근해 해양환경을 더 잘 이해하는 데 기여할 수 있으며, 지역 및 도시 계획을 알릴 수 있다. 모든 해안 도시의 종합 계획 또는 일반 계획에는 이러한 육지와 해양공간의 특성을 파악하고 설명하는 해양 요소가 포함되어야 한다. 이상적으로, 이것은 이러한 지역의 서식지 및 생물 다양성에 대한 정보를 포함하는 적절한 지도와 도시가 이러한 지역을 보호하기 위해 채택할 수 있는 전략과 정책 모두를 포함해야 한다.

앞서 언급한 제언들과 해양에 대한 우리의 이해의 진보가 해양공간 계획 내에 반영되지 않는 현상은 근해에 대한 계획과 개발의 영향을 정확하게 고려할 수 있는 방법이 없다는 것을 나타낸다. 물론 고려해야 할 법적 문제와 장애물이 있으며, 대부분의 미국 주에서는 도시가 이러한 해양 지역에서의 활동에 대한 명확한 법적 소유권이나 권한을 가지고 있지 않다. 하지만 우리가 이미 본 것처럼 도시가 육지 활동을 규제함에 있어 빗물 유출의 효과적인 억제와 같이 해양환경이 끼치는 영향을 고려할 수 있는 여러 방법이 있다. 또한 도시가 지역적 차원의 생태계획을 수행함에 있어 생물학적 연계를 비롯한 여타 연계를 고려할 수 있는 다양한 방안이 존재한다.

그린벨트만큼
필수적인 블루벨트

토지 이용 통제와 규제를 개혁하는 것은 해양과 해양환경을 중요한 녹색·생태 공간으로 인정하기 위한 강력한 조치가 될 수 있다. 지방자치단체가 '그린벨트'를 지정하는 것과 마찬가지로 도시나 지역사회의 자연 구역과 공간의 연결망 내에 수역이 포함되는 데 관심을 기울일 수 있다. 이것들은 논리적으로 '블루벨트'라고 불릴 수 있다.

뉴욕시의 자치구인 스태튼 아일랜드Staten Island는 이러한 접근법의 선두주자이다. 해당 자치구의 웹 사이트에 따르면, '블루벨트'는 하천, 연못, 기타 습지 지역을 포함한 '자연 배수 통로'이며, 이러한 습지 시스템의 보존은 그들이 빗물의 물을 전달, 저장, 여과하는 기능을 수행할 수 있게 한다. 또한, 블루벨트는 지역사회에 개방된 중요한 공간과 다양한 야생 동물 서식지를 제공한다.[1]

이러한 지역을 블루벨트로 묘사하는 것은 매우 유용하고 잠재적으로 강력한 방법으로써 종종 도시와 상당히 가깝지만 대부분 무시되는 해양공간과 장소를 재구성하고 재해석하는 일이다. 스태튼 아일랜드의 정책 입안자들은 이 혜택이 단순히 서식지 보호보다 훨씬 더 크다는 것을 발견했다: '블루벨트 프로그램은 같은 지역에 기존의 폭풍 하수도를 제공하는 것에 비해 수천만 달러의 기반시설 비용을 절감한다. 이 프로그램은 어떻게 습지 보존이 경제적으로 신중하고 환경적으로 책임질 수 있는지를 보여준다.'[2]

스태튼 아일랜드의 약 3분의 1은 현재 블루벨트 네트워크로 배수되는데, 이는 해당 자치구가 토지 보전을 통해 보호하고 있는 습지, 연못, 하천 통로 등 빗물을 모으고 유지하는 녹색 기반시설의 요소를 가리킨다. 이 '블루벨트'의 사용에 있어서 '블루'는 본질적으로 해양이 아닌 빗물을 가리킨다. 그러나 해양 보전에 적용되는 교훈은 스태튼 아일랜드의 투자가 홍수 조절과 폭풍수 관리에 더 효과적이고 비용이 덜 드는 접근법일 뿐만 아니라 스태튼 아일랜드 주변 해역으로의 오염 방출을 감소시키는 중요한 녹지 공간과 서식지 지역을 따로 배정하고 있다는 것이다.[3]

모든 해안 도시들은 그 도시가 가질 가능성이 더 높은 육지기반 그린벨트와 유사한 블루벨트 연결망을 창출할 기회를 가지고 있다. 블루벨트 개념은 지상의 중요한 자원과 자연지대를 보호하기 위한 지역적·국가적 노력과 이를 보완하는 현지의 토지 보호·보존 의제가 존재하거나 존재해야만 한다는 것을 시사한다. 인식을 바꾸고 보호를 강화하는 데 있어서 여전히 할 일이 많다. 지구 육지 표면의 약 13%가 공원과 보호구역에 있는 반면, 보호를 받는 해양 면적은 1%도 안 되는 것으로 추정된다.

미국의 캘리포니아 라구나비치Laguna Beach에서도 블루벨트 프로그램을 시행하고 있다. 라구나블루벨트연합Laguna Bluebelt Coalition은 라구나비치 시의회가 해양 공원을 계속 지원할 수 있도록 노력하면서, 연안의 새로운 해양 보호 지역을 지지하고 옹호한다.[4] 실제로 이 도시는 캘리포니아해양생물보호법California Marine Life Protection Act, MLPA의 단위에 의해 도시 해안경계가 완전히 설정되어 있다. 라구나블루벨트연합은 이러한 해양 지역의 이점에 대한 정보를 공유하고 라구나비치 최인근 바다의 아름다움을 기념하기 위해 노력하고 있다. 이 캠페인은 보호구역이 본인들의 사업에 악영향을 끼칠 것을 우려하는 상업적 수산업계의 반대에 대응하기 위해 필요하다. 연합은 조수 웅덩이 거닐기를 조직하여 해양보호구역들을 감시하고 집행하는 일을 돕는 한편 최근에는 제2회 연례블루벨트사진대회Annual Bluebelt Photo Competition를 열기도 했다.

이러한 수상 환경은 엄밀히 말하면 국유지이며, 어획 금지구역과 같은 법안의 시행은 국가의 책임이지만, 지방 시민단체와 마찬가지로 지방정부가 도울 수 있다. 또한 도시는 이러한 해양 보호 구역에서 어업 및 기타 사용 제한을 실현하고 시행하는 데 있어 점점 더 중요한 역할을 하게 될 것이다. 바닷속 울타리는 별반 도움이 되지 않을 것이기 때

그림 5-1. 캘리포니아의 라구나비치(사진 제공: Laguna Bluebelt 사진 콘테스트 우승자 David Linning
의 "Laguna Reflection")

문에 보호구역의 경계를 강화하는 일은 국가와 지방 관리들의 공동 책임이 될 필요가 있을 것이다. 지방 공무원들도 자신들이 보호하고자 하는 분야와 더 많은 연계성을 느끼길 바란다. 산타 모니카의 '만을치료하자Heal the Bay'와 같은 지역사회 기반 풀뿌리조직은 이러한 해양 공원을 감시하고 관리하는 데 중요한 역할을 할 수 있다.

공원 및 해양 보호구역

이상적으로 하나의 연결망의 일부로서 해양 공원과 보호구역을 설정하는 일은 다수의 중요한 생태학적 기능을 제공한다. 이러한 일들은 특히 생물 다양성을 보유한 지역에서 해로운 자원유출과 압박을 제거하는 것을 돕는다. 예를 들어, 고래 종의 분만지를 포함하는 보호구역은 이를 파괴하는 선박의 통행을 제한할 수 있고 선박에 의한 충돌(북방참고래와 같은 종의 주요 사망 원인)을 줄이기 위한 운송 경로의 이동으로 이어질 수 있다. 또한, 일반적으로 해양보호구역의 일부인 어업 금지 구역과 상업석 어업에 대한 제한은 어류 개체 수의 의미 있는 반등을 끌어낼 수 있다. 첫 번째 해양 보호 구역에 대한 추적·관찰은 보호 지역이 해양에 대한 생태학적 무결성을 회복하는 데 도움이 된다는 중요한 과학적 증거를 지속적으로 제공하고 있다.

특히 해안 도시와 그 주변의 새로운 공원 및 보전 공간을 재상상함에 있어 많은 일이 가능하다. 해양을 중심으로 한 산업 발전(해상, 풍력 농업, 석유 추출 및 어업)이 증대됨에 따라 이러한 활동의 배치에 대한 제한을 고려하는 일이 매우 중요할 것이다.

신설 해양보호구역의 증가는 많은 도시와 그들 주변의 강줄기·해양경관과의 관계를 극적으로 변화시킬 수 있는 잠재력이 있다. 예를 들어 캘리포니아는 해양생물보호법에 따라 포괄적이고 광범위한 해양보호구역 네트워크를 구축하는 데 앞장섰다. 해양보호구역의 대부분은 로스앤젤레스와 샌프란시스코 등 주요 도시 중심지에서 비교적 짧은 거리에 있다. 해양보호구역의 증가는 우리 도시 심상 지도의 올바른 변화와 함께, 육지 환경에서는 흔한 경관, 지역적 차원의 공원과 동등하게 될 잠재력을 지니고 있다.

시애틀시는 일련의 도시 해양 공원을 설립했고 이러한 공원에 특별한 해양규칙을 적용했다.[5] 이 공원들에는 골든가든Golden Garden 공원, 사우스알키South Alki, 링컨Lincoln 공원, 슈미츠뷰포인트Schmitz Viewpoint, 디스커버리Discovery 공원 등이 있다. 이곳들은 주민들에게 수역과 해양환경을 보고 만질 수 있는 기회를 제공하고 푸른 세계와 본능적인 연결 고리를 개발할 수 있는 독특한 공원이다. 앞서 언급한 호놀룰루시는 인기 있는 하나우마만 보전을 포함한 3개의 해양생물 보호구역을 관리하고 있다.

그림 5-2. 조지아주 그레이스 암초Gray's Reef 국립해양보호구역National Marine Sanctuary의 검은바다농어
(사진 제공: Greg McFall, Gray's Reef NMS, NOS, NOAA)

　　정확하게 해양이나 해양환경은 아니지만, 뉴욕의 새로운 허드슨리
버Hudson River공원은 혁신적인 공원 계획의 매우 흥미로운 예 중 하나이
다. 이 도시의 대규모 전략 중 하나는 거주자를 시각적으로나 물리적으
로 수변과 해안선에 다시 연결하는 것인데, 이 공원은 면적의 대부분인
550에이커 중 약 400에이커가 물이라는 점에서 이례적이다.

　　그 공원 프로그램의 대부분은 수생 지역을 이용한다. 배를 탈 수 있
는 장소와 배를 부두에 올릴 수 있는 장소, 카약과 카누를 탈 수 있는 기
회 등이 있다. 또한 허드슨리버커뮤니티세일링Hudson River Community Sailing

그림 5–3. 캘리포니아 엘혼슬로국립하구연구보호구역Elkhorn Slough National Estuarine Research Reserve에서 의 카야킹(사진 제공: Lisa Emanuelson/NOAA)

을 통해 출항이 가능하다. 심지어 맨해튼 아일랜드 마라톤 수영(맨해튼 아일랜드 재단이 주관하는 45킬로미터 길이의 대회) 때처럼 수영이 허 용될 뿐만 아니라 장려될 때도 있다.[6]

해양세계로의 이러한 점진적인 도시의 연장은 블루 어바니즘을 향 한 긍정적인 발걸음이다.

웰링턴:
육지와 바다를
통합하는 새로운 비전

뉴질랜드의 수도인 웰링턴은 육지의 녹지와 자연을 보존하고 보호하는 오랜 전통을 가지고 있다. 보전 육지의 핵심은 도심지 타운벨트 town belt와 외곽 그린벨트이다. 타운벨트는 1840년으로 거슬러 올라가며 도시의 많은 부분에 두드러진, 그리고 극적인 배경이다. 그러나 웰링턴은 또한 삼면이 바다로 둘러싸인 반도에 있다.

2008년, 이 도시의 첫 해양 보호구역이 남쪽 해변을 따라 만들어졌다. 타푸테란가 해양보호구역Taputeranga Marin Reserve은 수천 명의 웰링턴 도시인들이 살고 있으며 도심에서 불과 6킬로미터 떨어진 곳에 있는 놀라운 해양 공원이다. 이 해양 공원은 850헥타르 이상의 면적을 보유하고 있다. 여기에서는 세계 최초의 해양생물다양성탐사인 수십 명의 잠수부와 스노클러를 보호구역으로 파견하였으며, 그들은 식물과 동물의 생명에 관한 정보를 수집하고 관찰하였다. 그 결과에서 알 수 있듯이 이 해양 공원은 해양생물다양성의 보고이다. 범고래에서 조류에 이르기까지 수백 종의 해양생물이 기록되었고 심지어 새로운 종의 말미잘이 발견되기도 하였다. 의도적으로 침몰된 호위함, 즐겨 찾는 다이빙 장소, 지정된 스노클 트레일이 있으며, 아래에 스노클러를 안내하는 부표가 부착되어 있다. 해양 보호구역으로서, 어업이나 어획은 허용되지 않으며, 이것은 해양 종들을 복원하고 보충하는 역할을 해왔다.

이 보호구역은 그 거대한 해양 자연을 웰링턴 사람들과 가깝게 한다. 역사적인 낚시 가게를 개조한 인기 있는 아일랜드만해양교육센터 Island Bay Marine Education Center는 작은 수족관의 어항에 지역 해양 종들을 전시한다. 일요일에는 개인과 가족들이 센터 내 만질 수 있는 수족관에서 해양생물을 가까이서 체험하기 위해 건물 안으로 몰려들며 활기가 넘친다. 이 센터는 웰링턴해양보전신탁Wellington Marine Conservation Trust이 운영하고 있으며 시와 기타 단체가 재정적으로 지원하고 있다. 이 지역에서 모든 해양생물이 채취되고 있는데, 현지 어부들과 좋은 관계를 맺고 있기에 어부들은 그들이 발견한 특이한 것들을 가져온다. 웰링턴해양보전신탁은 센터에 아주 적은 입장료를 부과하지만, 작지만 중요한 기금을 조성하기에 충분하다. 이 센터의 업무는 정규 학기 동안 일주일에 5개에서 10개교를 유치하는 것을 포함한다. 유치원생처럼 어린 웰링턴 학생들은 자신들 도시의 놀라운 해양생물다양성에 충분히 노출된다.

나는 일요일에 특히 젊은 방문객들의 흥분을 직접 목격할 수 있었다. 이들은 자원봉사자들에 의해 안내되었고 어항 안에 들어 있는 것들을 배우고 만져보도록 유도되었다. 안은 광란의 도가니였고, 만질 수 있는 어항 근처에 배치된 자원봉사자들이 아이들이 무엇을 만지고 보고 있는지를 안내하였다. 어느 순간 한 자원봉사자가 거머리를 들고 먹이를 사냥하는 방법을 설명하고 있었다. 근처 어항에서 다른 자원봉사자는 거미불가사리류의 이빨 없는 입을 보여주고 이 생명체가 먹이에 배를 감고 그렇게 먹을 수 있다는 것을 설명하기 위해 그것을 뒤집었다.

그 센터는 또한 바다로 직접 접근할 수 있다. 썰물 때는 바위 가장자리가 끝없는 탐방 기회를 제공한다. 내가 해양교육원을 방문한 날 아이들과 어른들 모두가 무엇인가 발견할 수 있는 것을 찾고 있었다. 나는 웰링턴의 시장인 셀리아 웨이드-브라운Celia Wade-Brown과 함께 했다. 스쿠버다이버였던 그녀는 주민들에게 바다와 사람의 본능적인 연결 고리를 제공해야 할 필요성에 대해 열정적으로 말했다. "웰링턴에 있는 사람들은 정말 바다와 연결되어 있습니다." 그리고 그들 주변의 해양환경을 경험할 수 있는 놀라운 기회들을 매일 가지고 있다. 그녀는 소수의 정치인만이 할 수 있는 방식으로 해양세계에 관해 이야기할 수 있었다. 그녀는 해변정화에 자신의 정치적 개입을 시작하였고, 시장이 되기 전에는 해양 교육센터의 정규 자원봉사자로 활동했다. 그리고 잠수부로서의 경험을 통해 그녀는 바다가 얼마나 오래되고 넓은지 직접 이해하게 되었다.

"스노클링이나 다이빙을 하기 전에는 여러분은 밖을 내다보며 바다가 아름다워 보인다고 생각할 것입니다. 하지만 바닷속 한가운데로 나가보기 전까지는 세상의 풍요로움을 이해하지 못할 것입니다. 다른 차원과 같습니다."라고 웨이드-브라운이 전했다. 우리는 원래 해양 포유류였다고 그녀는 말한다. "돌고래들과 함께 카약을 타러 나가거나 바다 밑바닥에 내려가 푸른 대구를 아주 편안하게 하고… 여러분의 손가락을 꼼지락거리면 돌고래들이 여러분에게 다가옵니다. 놀라운 일입니다.

다이빙을 할 때 문어가 와서 손을 만져보기도 했습니다. 이처럼, 우리보다 훨씬 크고 오래된 자연 세계와의 연결 고리가 중요합니다."[7]

웰링턴 정책 입안자들과 주민들은 도시의 그린벨트와 통합하기 위한 블루벨트의 필요성을 점점 더 이해하고 있다. 이는 이미 주목을 받고 있으며 시의 공식 계획으로 구상되고 있다. 정확히 어떤 형태의 블루벨트가 될지는 불분명하지만, 타푸테란가 해양보호구역이 도시의 하천과 수로가 도시 주변 해안 수역의 질에 영향을 미치는 중요한 예이다. 그것은 포괄적인 비전이며, 바다에 민감한 도시 디자인에 대한 시의 최근 노력, 하이킹과 자전거 도로의 인상적인 네트워크, 그리고 주민들을 물속으로 끌어들이는 새로운 수변 공공 공간들과 관련이 있다.

한 가지 중요한 점은 수년 동안 깨끗해진 이 도시의 항구이다. 이는 부분적으로 도시의 하수 처리 시스템이 크게 개선된 결과이다. 엄청난 양의 해양생물다양성이 바다에서 발견될 수 있다. 몇몇 특별한 방문객은 여름에 대량으로 오는 노랑가오리와 매가오리를 포함한다. 그리고 바다 밑에는 더 놀랄 만한 것이 있다. 스티브 주르네Steve Journee는 웰링턴의 블루벨트 개념을 가장 열성적으로 옹호하는 사람 중 한 명이 된 다이빙 강사이다. 그는 정기적으로 항구에서 다이빙을 하며, 가칭 『웰링턴 수중: 아래에 있는 것Wellington Underwater: What Lies Beneath』이라는 제목의 책을 쓰고 있다. 항구의 가장자리에 서서, 그는 단지 몇 미터 아래에 있는, 노란색, 녹색, 주황색 해면 갯솜, 바다 민달팽이, 불가사리 같은 화려한 생물에 대해 설명했다.

그림 5-4. 다이빙 강사 스티픈 주르네Stephen Journeé가 웰링턴 항구에서 발견된 생물들에 대해 자신의 열정을 공유하고 있다.(사진 제공: Mark Coote)

새로운 본거지
심상 지도

인근 해양환경에 대한 좋은 도시정책은 도시민들이 깨끗한 물 생태계를 이용할 수 있게 할 것이며 이는 물과 도시 사이의 관계에 대한 도시적 이해를 재조정하는 데 중요한 부분이다. 지적한 바와 같이, 뉴욕시는 시민들을 위한 수변 공원과 접근 지점을 극적으로 확장하고 창의적인 방법으로 물과 수로에 대한 계획과 관련된 노력을 확대하고 있다. 뉴욕시는 885킬로미터의 해안선을 보유하고 있고, 따라서 바다는 결코 멀리 떨어져 있지 않다. 가장 인상적으로, 뉴욕시는 시민들을 물과 다시 연결하는 주요 목표를 명시하는 포괄적 수변 계획을 채택했다. 이러한 연결은 시각적이자 물리적 연결이다. 아만다 버든Amanda Burden 계획국장은 물이야말로 도시의 '6번째' 자치구라고 이야기한다: "물은 자치구들 사이의 연결 조직이며, 사실상 6번째 자치구이다. 우리는 현재 전통적으로 우리 땅을 위해 계획했던 것과 같은 강도와 열정을 가지고 우리의 수변과 수로를 계획하고 있다."라고 말한다.[8]

다른 도시들은 더 전통적인 토지기반 활동과 개념을 물까지 확장하려고 노력해 왔다. 밀워키와 같은 도시들은 카누나 카약을 타고 그곳의 세 강을 방문하고 탐험하도록 주민들을 유혹하기 위해 도심 바다 물길 Urban Water Trails을 만들었다. 밀워키는 이 물길을 '액체 공원길liquid parkway' 이라고 부르며 약 40킬로미터의 물길을 배치했다. 주차할 장소와 물, 음식점과 식당, 그리고 문화적, 역사적 관심 지점을 알려주는 인상적인 지도가 있다.[9] 뉴욕시 역시 워터 트레일 지도Water Trail Map를 개발하여 선박 접근 지점을 40개 이상 제공하고 약 414제곱 킬로미터의 강에 도달하여 즐길 수 있는 기회를 제공하고 있으며, 이 도시 주변의 푸른 공간을 품고 있다. 여름 동안 특정 시간에 카약을 무료로 사용할 수 있는 다운타운보트하우스Downtown Boathouse와 같은 비영리 단체들의 네트워크를 통해 뉴욕시는 더 많은 사람들이 물 위에서 시간을 보내도록 유혹하는 것을 도왔다.[10]

홍콩에서는 현지의 세계자연기금(WWF) 관련 단체가 홍콩 주요 해양 공원과 보호 지역이 포함된 해양생물다양성지도Marine Biodiversity Map를 제작했다. 이 지도에는 많은 것들이 포함되어 있다. 예를 들어, 산호초와 투구게뿐만 아니라 중국 강돌고래와 상괭이를 볼 수 있는 장소들이 있다. 그러나 여전히 도시 수역의 2%만이 보호받고 있으며 세계자연기금은 이 구역을 확장해야 한다고 주장했다. 그런데도 홍콩은 도시인들이 바다와의 연계를 이해하고 근처의 해양 서식지를 감상하고 방문하도록 장려되는 밀집된 도시를 대표한다. 해안선을 '바다 경관 단위'로 분류하기 위한 흥미로운 체계를 통해 케이프코드의 시각 및 경관 있는 자원을 지도화하려는 유사한 노력이 있다.[11] 이 지도는 새로운 해양 풍력발전소의 배치에 관한 결정을 이끌 수 있는 잠재력이 있으며, 풍력발전소 건설을 가장 민감한 환경 및 소중한 해안 경관으로 벗어나게끔 만들 수 있다.

결론

이 장은 해안 도시가 자신들의 공간적 경계와 한계를 바라보는 새롭고도 보다 친화적인 방법을 개발해야 한다고 주장하였다. 샌프란시스코, 로스앤젤레스와 같은 해안 도시는 상대적으로 광대한 해양생물다양성에 매우 가까운 멋진 바다 가장자리에 자리 잡고 있지만 그들의 도시 계획과 운영에서 종종 이러한 해양환경을 인정하는 데 실패하였다.

좋은 소식은 도시 주변의 물줄기 공간, 도시 수변공원에 대한 새로운 개념, 그리고 도시 거주자들을 해양친화적 환경과 밀접하게 접촉할 수 있는 물길을 다시 받아들이기 위한 많은 새로운 구상들이 있다는 것이다. 그리고 새로운 해양보호구역의 설립과 더불어 도시 주민과 정책 입안자가 함께 육지 그린벨트와 유사한 방식으로 이 새로운 블루벨트를 이해하고 인정하며 그 관리에 참여할 수 있는 잠재력이 있다.

그런데도 해안계획에 대한 새로운 공간적 접근을 진전시키는 데는 아직 할 일이 많다. 지자체에 육지를 넘어서는 법적 통제가 많지 않은 것은 사실이지만, 관할시 하수 처리부터 빗물 관리까지 인근 해양환경에 영향을 미칠 일들이 산적해 있다. 첫 번째 단계로 도시는 가까이 존재하는 해양환경에 명백한 관심을 기울이면서 포괄적이거나 일반적인 계획에 해양을 포함해야 한다. 더욱이 도시는 도시의 해안선 너머는 단지 빈 여백일 뿐이라는 만연한 시각적 · 정신적 인식을 현지 계획 지도에서 극복할 수 있도록 노력해야만 한다. 오히려 해안 도시의 공간 비전과 전반적 도시 계획 도면은 해양도시의 맥락을 이해해야만 한다.

제6장

도시 거주자를
해양 생활에
참여시키자

블루 어반 문화를 발전시키려는 것은 해양 공원을 따로 두거나 해양에 대한 더 나은 시각적·물리적 접근을 제공하는 새로운 해안 구조물과 공간을 설계하는 일 이상을 포함한다. 앞 장에서 논의된 새로운 수중 공원과 블루벨트 그리고 수변의 재설계는 도시민들 사이에서 더 이상 불가능한 '해양친화적 윤리'를 기르기 위한 물리적 토대를 제공한다. 나는 이 해양친화적 윤리를 해양세계에 대한 깊은 연계와 보살핌, 그리고 생물다양성과 복잡성에 대한 매혹과 호기심이라 일컫는다.

해양 보호에 대한 직접적인 교육·체험 기반에 대한 연계는 해양 보호에 있어 매우 중요한 요소이다. 도시인들은 해양생물을 만지고, 느끼고, 보고, 배울 기회를 가져야 한다. 이 장에서는 바다 및 해양생물과 교감하는 일반적인 느낌을 조성할 수 있는 교육적 홍보와 기회에 대해 다룬다. 어떤 프로그램과 단체들은 해안 도시에만 존재할 수 있지만 여타 프로그램은 지리적 위치에 관계없이 시민들에게 바다의 경이로움에 대해 교육할 수 있다.

중요한 것은 도시가 해양생물과 매우 중요하고 의미 있는 상호 작용을 할 수 있는 기회를 교육하고 제공하는 협력조직의 강력한 연결망을 육성한다는 것이다. 단체, 그리고 이들이 제공하는 구체적인 기회와 경험은 다양하다. 일부 도시인에게는 주로 바다는 오락과 일상적인 즐거움에 관한 것일 것이고 어떤 이들에게는 과학적 지식을 발전시키는 데 도움을 주는 것이다. 또 어떤 사람들에게는 인간의 사용으로 인해 매우 피폐한 해양세계를 되돌려주고 회복시키는 데 도움이 되는 일이다. 모든 사람들에게 반향을 일으키거나 영향을 미칠 경험이라는 것은 존재하지 않는다. 대신에 도시정책 입안자와 도시 단체는 도시인이 바다의 경이로운 다양성에 대해 흥분하기 위해 많은 다른 방법들을 모색해야 한다. 이를 통해 제7장에서 논의되는 해양과 도시 연계를 위한 새로운 구상을 위한 보다 적극적인 참여와 책임의 토대가 마련되기를 바란다.

시내 쇼핑몰에 위치한 바다

버지니아주 샬러츠빌Charlottesville은 지난 7년 동안 야외 사진 축제인 LOOK 3을 개최해왔다. 내셔널 지오그래픽의 기고자 데이비드 더빌렛David Doubilet을 비롯한 재능 있는 수중 사진작가들과 예술가들이 찍은 사진이 많은 사람이 산책하고, 창문으로 쇼핑하고, 야외 식당에서 식사를 하는 장소인 샬러츠빌 시내 보행자몰을 따라 나무 사이에 묶인 커다란 현수막에 인쇄되어 있다. 6월에 쇼핑몰의 많은 야외 카페 중 한 곳에서 후원자는 카푸치노를 홀짝이며 레몬상어학교school of lemon sharks나 다른 숨 막히는 수중 풍경을 올려다보고 있을지도 모른다. 이 사진들은 예상치 못한 곳에서 해양생물과 이들의 아름다움과의 연결 고리를 접할 수 있게 만들고, 사람들에게 우리가 모두 푸른 행성에 사는 시민임을 상기시킨다.

해양중점예술의 한 가지 장점은 지리적 위치에 관계없이 바다와 연결된다는 것이다. 뉴올리언스의 한 건물 옆면에 그려진 커다란 고래에 기분 좋게 놀랐던 기억이 난다. 그렇지 않았다면 넓은 주차장과 마주한 황량한 빈 벽이 있었을 것이다. 가장 고무적인 배경은 아니었지만 아름답고 화려했다. 그것을 보는 순간, 나는 상쾌하고 뜻밖에도 그 광경에 기운이 솟았다. 건축가이자 예술가인 마야 린Maya Lin은 최근 타임스퀘어를 돌아다니는 디지털 고래에 대한 자기 생각을 공유했다. 화면에서 화면으로 뛰어다니며 거의 수영하는 것처럼 보였다는 것이다. 타임스퀘어 화면상으로 이 고래는 실물 크기로 보일 수 있었다. 이는 맨해튼 도심 한복판에서 눈길을 끌었으며, 전혀 예상하지 못했던 일이다.

도시 지역의 해양에서 영감을 받은 예술은 벽화에서 호주 서부 프레만틀Fremantle의 해양 장식 보도까지 다양한 형태를 취할 수 있으며, 조개껍데기와 다른 해양 공예품이 이러한 일반적인 공공 공간에 통합되어 있다. 또한 샬러츠빌에서는 현지의 나무조각가 톰 기븐스Tom Givens가 지나가는 고속도로와 다리 근처에 일련의 실물 크기의 고래 꼬리를 제작

하여 눈에 띄는 곳에 놓아두었다.[1] 이 작품들은 아름답고 시각적으로 두
드러지며, 도시 생활을 하는 동안 접하는 해양 자연을 만날 수 있는 기
회를 제공한다.

2012년 여름 오슬로를 방문했을 때, 나는 이 바다 마을과 해양세계
를 연계하는 풍부한 건축적 전통이 있다는 것을 발견했다. 특히 인상적
인 예는 한때 노르웨이선주협회Norwegian Shipowners Association의 건물인 라
두스가따 25Rådhusgata 25이다. 저명한 건축팀인 비에르케와 엘리아센이
설계하여 1941년에 지어진 이 건물은 전면 외부에 극적인 물고기를 뿜
낸다. 그것은 아름다우며, 우리를 길거리에 멈추게끔 한다. 생명애적디

그림 6–1. 버지니아 샬러츠빌의 고래 꼬리 조각상(사진 제공: 저자)

자인공동체biophilic design community의 많은 사람들은 그러한 자연적인 이미지와 모양, 그리고 형태가 우리를 행복하게 한다고 강하게 믿고 있는데, 이는 이 역사적인 도시 구조의 경우에는 확실히 사실이었다.

해양 자연과 해양세계의 존재는 예술과 건축을 포함한 여러 영역에서 일어날 수 있다. 이러한 예술 프로젝트, 벽화, 건축적 디테일은 사람들을 고양하고 해양과 연계시켜주는 역할을 한다. 수영이나 스노클링, 해양세계를 직접 경험하는 것과는 확실히 다르지만, 이들의 장점은 상당하다.

수족관의
역할

도시의 많은 사람들, 특히 바다와 가깝지 않은 사람들에게, 해양세계에 대해 경험하고 배우는 일은 다른 방법으로 일어나야 한다. 도시 수족관은 지리적 위치에 관계없이 방문객들에게 해양환경에 대해 교육하는 것이 목적이기 때문에 블루 어바니즘 윤리를 확립하는 데 핵심적인 역할을 한다. 대부분의 도시는 시민에게 도시와 바다 생활의 경이로움에 대해 교육하는 데 귀중한 자원이 될 수 있는 수족관을 가지고 있다. 그들은 해양 청지기ocean steward로서 도시의 새로운 감각을 지원하는 중요한 기초가 된다.

그림 6-2. 노르웨이 오슬로의 한 빌딩에 있는 돌고래 조각품(사진 제공: 저자)

　　해양생물보전협회MarineBio Conservation Society에 따르면 전 세계에는 약 240개의 수족관과 해양생물센터가 있다. 대부분은 아닐지라도 많은 수가 도시 또는 근처에 있으므로 그 영향이 상당할 수 있다.[2] 예를 들어, 보스턴에 있는 뉴잉글랜드 수족관에 매년 약 130만 명의 방문객이 방문하며, 그곳의 교육 프로그램은 보스턴 메트로 지역에서만 10만 명 이상의 학생들에게 제공된다. 샌프란시스코 근처의 몬터레이만 수족관은 연간 180만 명의 방문객을 맞이하고 볼티모어의 국립 수족관은 140만 명의 방문객을 유치하며 이 지역에 3억 2천만 달러의 일자리와 경제적 혜택을 가져다준다.[3]

한 가지 혁신적인 노력은 포르투갈 리스본의 수족관 오세아나리오 Oceanario에서 볼 수 있는데, 나는 그곳의 CEO인 주앙 팔카투João Falcato와 최근에 면담한 바 있다. 오세아나리오 수족관은 유럽의 약 140개의 공공 수족관 중 하나이며, 모두 교육적인 사명을 띠고 있다. 오세아나리오의 경우, '하나의 해양'으로 대변되는 메시지를 매년 백만 명의 방문객에게 전달한다. 이 시설은 다른 도시 수족관과 매우 비슷하게 생겼지만, 교육적 노력은 도시 생활과 소비에 필요한 변화에 초점을 맞추고 있다. 대부분의 전시품은 방문객이 해양에 미치는 영향을 줄이기 위해 무엇을 할 수 있는지를 강조한다. 포르투갈 전역의 학교와 함께 일하며 교사들이 남획과 같은 과목에 대해 가르치는 데 도움을 주기 위해 특별한 노력을 기울이고 있다. 오세아나리오의 마스코트인 바스코는 해양을 위한 슈퍼히어로의 일종으로 포르투갈 전역에서 어린이들에게 인기를 얻고 있다. 오세아나리오에는 바스코의 집이 있는데, 이것은 바다에 대한 부정적 영향을 줄이고 더 지속 가능하게 살 수 있는 방법을 상상하는 일을 흥미롭게 만든다. 옥상 풍력터빈으로부터, 욕실의 물 보존, 부엌의 지역 음식에 대한 전시까지, 아이들은 친환경적 생활방식의 가능성을 받아들이는 데 열광하는 듯하다.

더 넓은 해양 문화를 어떻게 되살릴 것인가와 관련하여 해양과 해양 건강의 타당성은 여전히 더 큰 과제로 남아있다. 주앙 팔카토가 말했듯이, 포르투갈에서는 "바다는 과거였지만, 오늘날 바다는 확실히 미래가 되어야 한다… 만약 여러분이 바다에 관해 묻는다면, 그것은 해변이다.

그림 6-3. 포르투갈 리스본의 오세아나리오Oceanario 수족관(사진 제공: Victor Sancho)

오늘날 바다라는 것은 포르투갈인들의 마음속에 별 것 없기 때문에, 우리는 그것을 되찾아야 한다." 팔카토가 "바다로 되돌아오다"라고 부르는 도전은 사실상 모든 국가가 해결해야 할 도전이나 어떻게 해야 할지가 항상 명확하지는 않다. 그러나 오세아나리오가 개인적인 생활방식의 선택과 해양의 건강을 연계하는 것에 초점을 맞춘 것은 올바른 방향으로 나아가는 한 걸음이다.

　보스턴에 있는 뉴잉글랜드 수족관은 교육, 보존, 그리고 연구 임무에서 가장 인상적인 미국 기관 중 하나이다. 뉴잉글랜드 수족관은 연구 심포지엄을 개최하고 캠프의 리들리 바다거북 등 해양동물을 구조·재활하기 위한 '부대 사육시설' 구축에 나섰다. 수족관의 직원들은 다양한 보전 조치들을 지원하는 데 중요한 역할을 한다. 예를 들어 상대적으로 지방적인 것으로는 앞서 언급한 해상운송 경로의 이동 같은 것이 있으며 그리고 수천 킬로미터 떨어진 일로는 특히 피닉스 제도 해양보호구역Phoenix Islands Marine Protected Area, PIPA을 조성하기 위한 지원과 같은 조치도 있다. 세계에서 가장 큰 보호 지역 중 하나인 피닉스 제도 해양 보호 구역은 하와이에서 호주 사이 중간에 위치한 키리바시 공화국에 있다.

먼 거리에도 불구하고, 뉴잉글랜드 수족관은 피닉스 섬으로의 연구 파견을 후원했다.

해양친화적 도시윤리를 개발하고자 하는 도시는 아마도 이 책에서 논의된 도시와 해양의 연계를 탐구하는 새로운 전시물과 더불어 자신들의 수족관 시설과 가시성을 강화하도록 고려해 보아야 할 것이다.

자연주의 프로그램

예술작품과 수족관이 실질적으로 어느 곳에나 지어질 수 있는 반면, 해안을 따라 위치한 도시들은 해양 생명과 해양건강에 대해 사람들에게 교육수단으로 활용될 수 있는 심오하고 중요한 교육 자원을 가지고 있다. 퓨젯 사운드Puget Sound를 따라 상당한 해안선이 있는 엘리엇만Elliot Bay 가장자리에 자리 잡고 있는 시애틀보다 더 심오한 수원을 자랑하는 미국 도시는 거의 없다. 시애틀의 더 큰 지역에 있는 많은 단체들은 거주자를 교육하고 그곳에 존재하는 놀라운 수생 환경과 유기체들과 이들을 연계시킨다. 1999년부터 시작된 시애틀 수족관의 해변 자연주의자 프로그램은 시민들이 현장 교육자로 활동하도록 훈련시키고, 주말에는 독특한 모자와 옷을 착용하고 해양 생태에 대한 질문에 답하도록 한다. 그들은 도구와 현장 가이드를 들고 있으며, 시애틀의 해변에서 썰물때 보고 만질 수 있는 것들을 잘 알고 있는 안내자이다. 이 프로그램은 처음에는 5개의 해변만을 제공했지만 지난 15년 동안 10개의 도시공원을 포함하도록 확장되었다.

어느 날 발라드Ballard 지역의 퓨젯 사운드 해안선의 멋진 장소인 골든가든스 공원에서 시애틀 수족관에서 프로그램을 운영하는 재니스 마티센Janice Mathisen을 만났다. 조수가 빠지고 숨겨진 세계가 우리 앞에 나타났다. 우리는 썰물 때에 무엇을 볼 수 있을까? 정말 많은 것을 볼 수 있다. 푸른 홍합, 따개비와 키톤, 림펫과 달 달팽이, 게, 바다 민달팽이 및 불가사리 (보라색 불가사리 포함). 다양한 해파리와 해조류, 장어 풀, 말미잘 (자가 복제하여 그 수를 확장할 수 있는 놀라운 응집 말미잘 포함) 등이 있다. 시애틀의 넓은 조수 범위는 조수 고점과 저조 점 사이의 약 4미터에 달하므로 근해 해양생물의 전체 범위를 더 쉽게 볼 수 있다.

제니스가 설명했듯이 썰물 때 해안에 방문객을 노출하는 과정은 마법과도 같다. "시민들은 그것을 정말 좋아하는 것 같습니다. 이것은 강제가 아닙니다. 우리는 정말로 교육과 해석, 그리고 사람들에게 여기에 무엇이 있는지 보여주는 것에 대한 모든 일을 하는 것 뿐입니다." 시애틀 거주민, 심지어 오랜 거주민조차도 종종 수면 바로 밑에서의 삶의 다양성과 경이로움을 파악하지 못한다. 제니스는 "시민들은 여기에 사는 어떠한 것들도 모르고 있다"라고 말했고, 그들이 직접 보고 싶어 할 때, "빛이 켜지자… 정말 놀랍다"라고 말했다. 제니스는 현재 200명 이상의 자원봉사 해변 자연주의자가 있으며, 각각 약 22시간의 강의와 현장 훈련을 받고 있다고 설명했다. 그들은 매 계절마다 약 70%가 자원봉사로 복귀하는, 매우 활동적이고 열정적인 그룹이다.

이와 같은 프로그램의 영향은 평가하기 어렵다. 매년 프로그램은 비록 불완전하지만 최소한 방문객과의 접촉 정도를 평가하려고 시도한다. 지난 해 추정치는 3만 2천 회의 접촉(방문객이 자연주의자에게 접근하거나 얼마나 간략하거나 광범위한지에 관계없이 상호 작용이 있을 때마다 계산한다)이었다. 그들은 또한 그 도시의 많은 학교들의 해변 공원 견학도 진행한다.

대규모 학교 단체가 썰물 시 바닷가를 방문할 때는 종종 일손이 모자라기도 하지만 자연주의자들은 해양을 존경할 만한 호기심을 조장하고 모델화하려고 한다. "우리는 사람들이 해양동물이 있는 곳으로 가고, 부드럽게 만지고, 물건을 집어 들고 이리저리 옮기지 않도록 격려합니다"라고 제니스는 말했다. 그러나 이것은 책이나 다른 자료를 통해 경험하거나 전달하기 어려운 촉각적이고 다감각적인 경험이다. 모든 푸른 도시는 어린이와 성인 모두를 위해 이런 종류의 경험에 투자해야 한다.

이 프로그램이 자원봉사 자연주의자들에게 미치는 영향은 아마도 똑같이 중요하다. 그것은 종종 해양 보전에 있어서 다른 중요한 일을 계속하는 더 큰 공동체의 지도자와 지지자를 형성하는 데 도움을 주었다. 제니스는 오래된 렌튼 도서관을 구하기 위한 투쟁을 이끌었던 자원봉사자에 대해 말해줬고, 지금은 그 자원봉사자가 도서관을 연어 교육센터로 전환하는 일을 시작하고 있다. 시애틀과는 매우 상이한 기후와 해

그림 6-4. 시애틀의 해변 자연주의자는 썰물 때 해양생물을 찾는다.(사진 제공: 저자)

안 지역에 있는 싱가포르는 또 다른 고무적인 이야기를 제공한다. 섬의 방대한 토착 생물 다양성은 해안과 해양 지역으로 확장되고 있으며, 이 곳의 자연 보호 노력은 점점 더 중요해지고 있다. 맹그로브와 산호초 의 많은 부분이 1960년대에 주로 일어났던 광범위한 토지 개간과 해안 선 개발로 인해 사라졌지만, 현재 싱가포르가 해안과 해양환경을 다른 시각으로 보고 있다는 긍정적인 신호들이 많이 있다. 중요한 전환점은 2001년 첵자와Chek Jawa의 토지 개간 계획에 대한 대중의 반대였다. 싱가 포르를 둘러싸고 있는 더 큰 섬들 중 하나인 팔라우 우빈의 습지와 조 개 간 평지의 이 지역은 항균 해면 갯솜에서 거대 카펫 말미잘에 이르 기까지, 그리고 뿔복에서 오렌지 불가사리에 이르기까지 놀랄 만큼 풍 부한 해양생물을 자랑한다. 토지 개간 프로젝트는 이 다양한 서식지의 많은 부분을 말살시켰을 것이다. 대신 새로운 방문객 센터가 지어졌으 며 1킬로미터 길이의 해안 산책로는 이 해양 서식지에 대한 다른 시각 을 보여준다. 첵자와는 사랑받고 인기 있는 관광지가 되었다.

싱가포르국립공원위원회NParks 안내원들이 인솔하는 조간대 산책은 현재 가장 인기 있는 활동 중 하나이다. 이러한 산책은 싱가포르인에게 간조기 동안 이국적인 해양생물을 직접 볼 수 있게 해준다. 웹 사이트 와일드 싱가포르Wild Singapore를 운영하고 있으며 해양 보존을 위한 시민 지원을 조직하는 역할을 해 온 리아 탄Ria Tan은 이 수직적인 도시를 놀라 운 해양생물과 연계하는 방법을 찾는 일이 중요하다고 생각한다. "저는 사람들이 그것을 보고, 맛보고, 느낄 필요가 있다고 믿습니다. 그리고

그림 6-5. 싱가포르 근교 해양 보존을 위한 쇼케이스로서의 첵자와Chek Jawa(사진 제공: Ria Tan, http://www.wildsingapore.com)

나서 때가 되면 그들은 그것을 지지할 것입니다."라고 그녀는 말했다. 여기에는 더 많은 보존 작업이 있으며 싱가포르국립공원위원회는 현재 무엇이 존재하고 미래의 발전에 어떤 위험이 있는지를 더 잘 이해하기 위해 포괄적인 해양생물다양성 조사를 절반 정도 진행하고 있다. 시민들이 첵자와에서 삶의 다양성을 인식함에 따라 개발자들에게 그들의 프로젝트가 환경에 민감하거나 대중의 항의와 허가 거부에 직면할 위험이 있다는 것을 확실히 하는 것이 도움이 될 것이다.

캐나다의 도시들은 자연체험 프로그램에 대해 다른 접근법을 취해

왔다. 자원봉사자들을 훈련하는 대신에 그들은 그 지역에서 발견될 가능성이 있는 자연에 관한 본질적으로 컴팩트한 안내서인 『어반 바이오키트urban biokit』를 사용해 왔다. 에드먼턴 어반 바이오키트는 교훈적이다. 이 책에는 초급 수준의 에드먼턴의 자연에 대한 사실, 사진, 체험 활동 등이 수록되어 있다. 생물 다양성 사무소를 통해 그룹별로 바이오키트 안내를 받을 수 있으며, 책자 활동돋보기, 물감 세트 등과 함께 사용할 수 있는 물품 상자도 마련된다.[4]

바이오키트는 도심에 있는 공원을 방문할 때 사람들이 지역 환경에 대해 더 많이 이해할 수 있도록 하기 위한 도구이다. 안내서를 참고하는 방문객들은 특정한 것들을 찾도록 요청 받는다. 이것은 자연 지침이지만 매우 상호작용적인 문서이다. 도시 해변과 해안선 서식지와 공원에 초점을 맞출 수 있는 비슷한 해양생물 키트가 없을까? 나는 시애틀 같은 곳에서 이것이 매우 인기 있는 것을 볼 수 있었다. 간조 때 놀라운 볼거리와 배울거리를 발견하여 주민들을 수중세계의 미스터리와 연계시켜주는 곳이다.

고래관찰은 공용어다

인간은 고래에 매료되어 있다. 따라서 고래를 관찰하는 일은 도시 거주자들에게 해양의 경이로움을 느끼게 해주고 고래와 그들의 서식지를 보호하려는 욕구를 줄 수 있는 가장 효과적인 방법의 하나이다. 많은 고래 이동 패턴은 도시 해안선에 근접한 많은 수의 고래를 가져온다. 고래를 관찰하는 것은 물론 많은 형태를 취할 수 있고, 더 침입적이고 공격적인 고래관찰 활동 중 일부는 고래의 건강과 안녕을 위태롭게 할 수도 있다. 그러나 해안에서 망원경으로 고래를 보는 것과 같은 경험도 교육적이고 감동적인 경험이 될 수 있다.

고래관찰을 육성하기 위한 가장 길고 성공적인 노력 중 하나는 미국 북서부에서 30년 동안 운영되어 온 단체인 '고래관찰은공용어다Whale Watching Spoken Here'이다. 이 단체의 기본적인 목표는 관심 있는 시민들이 훈련 프로그램을 거친 다음 방문객들이 고래, 특히 귀신고래를 보고 감상할 수 있도록 돕는 것이다. 무료 훈련에 대한 대가로 자원봉사자는 12월과 3월 최적의 회색 고래 이동 주간 동안 해안을 오르내리는 오전 10시부터 오후 1시까지 24개의 고래 관찰소에 고용된다. 현재 오리건 공원오락부서Oregon Parks and Recreation Department의 직원들에 의해 조율되고 있는 '고래관찰은공용어다'의 웹 사이트는 다음과 같이 말한다: "훈련받은 많은 자원봉사자가 방문객에게 귀신고래를 보여주기 위해 이곳에서의 휴가를 계획합니다." 분명히 자원봉사자는 지역뿐만 아니라 미국 전역에서 온 사람들을 포함한다.[5]

지역 호텔에서는 고래를 관찰하는 자원봉사자들을 위해 할인을 제공하고, 근처의 주립 공원 야영장은 훈련과 관람 주간을 위한 무료 캠

핑을 제공한다. 최근 몇 년 동안 고래관찰의 인기에 대응하여 여름 동안 위와 유사한 고래관찰 주간이 확립되었다. 고래의 이동을 지켜보는 여행을 할 수 없는 사람도 현대 기술의 발전, 특히 센서와 전자 태깅 electronic tagging 을 통해 이러한 해양생물 현상의 관찰에 어느 정도 참여할 수 있다.

해양생물 이주연구와 그에 따른 선로지도는 도시인에게 수면 바로 아래의 매혹적인 해양생물과 생물학을 볼 수 있도록 하는 데 기여한다. 태평양포식자 태깅The Tagging of Pacific Predators, TOPP 프로젝트는 21개 종의 이동 방식과 역사를 추적했으며 고래, 상어, 참치, 바닷새 등의 이동 패턴에 대한 흥미로운 지도를 만들어냈다. 서로 다른 종의 정보를 겹쳐 놓은 이 지도는 시각적으로나 심리적으로 바다 환경의 공허함에 대한 신화를 깨는 데 도움이 된다. 그리고 이 매혹적인 추적지도는 비록 대부분 보이지는 않지만 이러한 종들 중 다수가 여행하는 도시 인구와 얼마나 가까운지를 보여줄 수 있다.

해양 문해력을
위한 교육

미국 해안 도시의 평균적인 도시인, 예를 들어 보스턴에 거주하는 한 사람이, 참고래, 혹등고래, 그리고 향고래를 인식하고 구별할 수 있

그림 6-6. 태평양포식자 태깅(TOPP) 프로그램에 있는 남극의 수컷 코끼리물범(사진 제공: Daniel Costa, University of California, Santa Cruz/NOAA)

을까? 도시인들이 참고래에 대한 위협이나 도시 근처에서 사는 덜 알려진 다른 해양생물에 대한 어떤 지식을 제공할 수 있을까? 불행하게도, 아마도 그렇지 않을 것이다. 그러나 바다와 해양 서식지, 그리고 그 주변의 생물에 대해 도시 주민을 교육하기 위한 더 큰 노력을 학교 교과과정에 포함시키는 일은 완벽하게 실현 가능해 보인다.

많은 어린이들이 공룡에 매료되는 것을 지켜보는 일은 흥미롭다. 그리고 바로 우리는 이러한 것을 해양생물과 생태계를 위해 적용할 방식이 반드시 있어야 한다는 생각이 든다. 결국 대왕고래는 지금까지 살았던 동물 중 가장 큰 동물이고, 지금도 여전히 살아가고 있다. 이 장엄한 생명체와 다른 고래와 고래들이 많은 매혹과 관심을 가져야만 하지 않을까?

도시학교위원회Urban school board는 해양 지식과 과학을 과학 수업 계획에 더 잘 통합시키고 현장 학습, 여름 해양 캠프, 해변정화 프로그램을 통해 아이들을 정신적, 육체적으로 참여시키는 다른 기회를 줌으로써 이러한 단점을 해결하는 데 도움을 줄 수 있다.

샤라 피슬러Shara Fisler에 의해 설립되어 샌디에이고에 본부를 두고 있는 해양탐험연구소Ocean Discovery Institute와 같은 몇몇 모범적인 학교-기반 노력이 있다. 이 연구소의 해양과학탐험가Ocean Science Explorers 프로그램은 다양한 수업과 현장 기반 활동을 통해 3학년부터 6학년까지 학생과 교사 모두에게 바다에 대한 교육을 한다. 이 프로그램은 수백 명의 학생들이 참여하고 있으며 특히 도시의 불우한 청소년들을 대상으로 하고 있다. 또 다른 프로그램인 '해양지도자Ocean Leaders'는 보다 나이가 많은 청소년들을 대상으로 하며 '중고등학생, 대학생들을 위한 방과 후와 여름 프로그램 그리고 지원 서비스'를 제공한다.[6] 이 단체는 프로그램에 참여하는 학생의 시험 성적과 학업 성취도의 향상, 그리고 이 지역 학생들의 대학 진학률 증가에 대해 자부심을 가지고 있다. 이것은, 이 책의 많은 제안과 마찬가지로, 다른 중요한 목표를 달성하는 동시에, 도시에 해양 보호에 대한 지원을 구축하고 육성하는 것이 가능하다는 것을 보여주는 듯하다.

해양 과학과 보존을 강의실에 통합하는 방법을 찾는 일은 해양 교육 분야의 또 다른 리더인 낸시 카루소Nancy Caruso의 주요 목표인데, 그는 '영감을얻자!Get Inspired!'라고 불리는 단체를 운영하고 있다. 이 단체의 혁신적인 노력 중 하나가 교실속농어Sea Bass in the Classroom라는 프로그램으로, 고등학생들이 흰 농어에 대해 배우고, 보살피고, 성체로 키운 뒤 풀어준다. 이 프로그램은 남부 캘리포니아에 있는 헌팅턴비치 고등학교에서 진행 중이다. 학생들은 농어를 키우는 과정에 적극적으로 참여하고 있다. 농어의 길이를 측정하고 무게를 재고, 생물에 대해 배운 후, 궁극적으로 이 농어를 캘리포니아 해안에서 바다로 돌려보낸다. 고등학생들은 농어를 4개월 동안 돌보며 깊이 이해하게 된다. 카루소는 지역 PBS 사와의 인터뷰에서 아이들을 해양과 연계하는 힘에 대해 말했다. "이 모든 것의 핵심은 해양 조력자를 양성하는 것이고 학생들을 해양에 사는 무언가에 연계시키는 일입니다. 그들은 스스로를 돌볼 것이고, 그들은 그들 자신의 본질을 깨닫게 될 것입니다."

그리고 나서 학생들은 그들이 기른 농어를 해안가에서 풀어주게 된다. 카루소는 최근 인터뷰에서 올해 그녀의 학생 중 몇 명이 실제로 '켈프숲에서 스쿠버 다이빙을 배우는 동안' 물속에서 농어를 풀어주었다고 말했다.

카루소는 12년 동안 이러한 접근방식을 해양 체험 학습에 적용했다. 농어 프로그램, 그리고 녹색 전복과 다시마목을 기르고 풀어주는 것과 같은 유사한 학교 기반 프로그램 등에는 8천 명이라는 매우 많은 수의 학생들이 참여했다. 그녀의 이야기는 이러한 경험이 해양에 대한 더 큰 관심을 조장한다는 것을 암시하지만 그녀는 자기 일이 장기적으로 미치는 영향을 공식적으로 연구하거나 측정하지는 않았다. 그녀의 독특한 접근방식은 경험을 통해 가르치고, 학생들이 가능할 때 실제 과학에 참여하도록 하고, 그들에게 그들의 열정과 지식을 다른 사람들과 공유할 수 있는 기회를 제공하는 것이다. 그녀는 나에게 그녀와 그녀의 학생들이 매년 개최하는 켈프축제Kelp Fest에 대해 언급하였다. 이 축제는 학생들에게 이 지역 생태계에 대한 지식과 열정을 공유할 수 있는 기회를 제공한다. 학생들이 해양세계를 개인적으로 소유하도록 하는 일이 카루소의 연구 이면에 있는 핵심 목표이다. "사람들은 해양을 이해하고 사랑하기 전에 해양을 경험해야 합니다"라고 그녀는 말했다. "만약 그들이 무엇을 사랑해야 할지 모른다면, 그들은 무언가를 사랑할 수 없습니다." 카루소의 해양에 대한 열정은 분명 그녀가 이룬 성공의 일부일 것이다. 그녀는 적은 예산으로 이 모든 것을 성취하는데, 그녀는 토요타의 작은 초기 보조금을 통해 농어 프로그램을 구성했고, 고등학교에서 농어를 키우는 데 사용되는 재순환 어항을 설계하고 만들었다.

야외 교육 경험을 초등학교에 통합하는 것은 교사들이 야외 공간을 활용하여 과학과 지속가능성에 대해 가르치는 방법을 모색함에 따라 점점 보편화하고 있다. 비록 해양은 야외 교육과정에서 덜 대표적이나, 앞으로 더 많은 일들이 이루어질 수 있을 것이다. 예를 들어, 샌프란시스코통합교육구San Francisco Unified School District는 가장 유망한 프로그램 중 하나인 야외교육단_{Corps of Outside Education}을 시작했다. 그것은 본질적으로 이 지역에서 2년을 가르치는 데 동의한 갓 졸업한 대학생으로 이루어진 집단이다. 그들은 훈련을 받는 동시에 인건비를 지급 받는다. 이 프로그램은 10명의 회원으로 시작되었고 2013-2014학년도 동안 21명으로 늘어났다. 각 회원들은 특정 학교에서 근무하며, 학교의 녹색 운동장에서 수업을 하고(지구의 120개 학교 중 80개 학교가 현재 가지고 있다) 자연과 정원 가꾸기를 수업에 통합하는 방법에 대해 교사들에게 조언한다.

아든 버클린-스포러_{Arden Bucklin-Sporer} 야외교육단 전무이사는 이런 야외 체험이 매우 밀집된 도시에 사는 아이들에게 얼마나 강력한지 말해주었다. "야외에서 자연에 대해 직접 배우고, 정원에서 무언가를 기르는 것을 돕는 경험은 '완전히 변혁적'입니다. 여러분은 흙에 대한 두려움과 불신에서 아주 짧은 시간 동안 그것에 대한 친화력, 그리고 그들이 발견하고 있는 것들에 대한 사랑으로 바뀌어 가는 것을 볼 수 있습니다."

이 프로그램은 또한 다른 공원과 녹지 공간과의 연계, 학교 방문을 통해 이러한 장소에 대해 경험하고 배우는 것을 포함하며, 이 중 일부는 해안과 바다이다. 예를 들어, 최근 한 학교가 에인절 아일랜드_{Angel Island}를 방문했는데, 대부분의 학생이 한 번도 그곳에 가본 적이 없었다. 야외교육단 같은 새롭고 혁신적인 프로그램이 강력한 해양학습 구성요소를 포함하지 못할 아무런 이유도 없다. 긍정적인 조짐은 최근에 졸업한 대학생들이 자연, 그리고 어린이에게 자연 세계에 대해 가르치는 일

그림 6–7. 뉴질랜드 웰링턴의 학생들과 그 가족들이 많이 방문하는 아일랜드만해양교육센터Island Bay Marine Education Centre에 있는 만질 수 있는 어항(사진 제공: 저자)

에 강한 관심을 보인다는 것이다. 버클린-스포러는 나에게 처음 10명을 고용할 때 250개의 이력서를 받았다고 말했다. 이러한 측면에서 변화를 일으키기를 열망하는 많은 젊은이들이 있다. 그리고 우리가 바르게 접근한다면 바다와 수생 세계와의 교육적인 연계에는 제한이 없다. 해양은 본질적으로 매력적인 생태계다.

여가 및
오락 활동

이 장에서는 지금까지 교육적 홍보가 초점이 되어 왔지만, 해양과 정서적 유대감을 형성하는 방법을 탐구하는 더욱 기발한 방법들도 있다. 이러한 활동은 앞에서 논의한 활동보다 더 자유롭다. 그러나 해양과 연계하는 것은 근본적으로 재미있을 수 있는데, 이는 블루 어바니즘을 보다 주류적인 개념으로 확립하는 가장 큰 희망 중 하나이다. 가장 즐거운 여가시간을 보내는 장소 중 일부는 바다를 포함하며, 해양의 방대한 생태계를 더 많이 알고 싶고 보호하고자 하는 '관문'으로 볼 수 있다.

조개껍데기클럽과
해변정화

해양과 연결 고리를 쌓고 해양세계에 대한 진정한 지식과 매력을 더욱 키울 수 있는 또 다른 기회는 조개껍데기 채집이다. 모양, 색, 질감의 다양성은 자연 자체의 엄청난 다양성과 유사하다. 조개껍데기 채집은 휴가 중인 개인과 가족에 의해 매우 비공식적으로 일어난다. 우리 가족은 플로리다 걸프 해안을 따라 코키나 조개껍데기를 모으는 일을 즐겨왔다. 그것은 일단 편안한 장소에 있게 되면, 특히 조개껍데기가 붙어 있는 작은 나비 모양의 이미패류를 찾아 몇 시간 동안 할 수 있는 활동 중 하나이다. 노란색에서 갈색, 자주색, 핑크색 등 다양한 색상에 줄무늬와 색조가 놀라울 정도로 다양하다. 액자에 전시된 그것들은 표면 바로 아래에서 발견되는 삶의 아름다움과 다양성을 단번에 보여준다. 하지만 이 취미에 참여하기 위한 훨씬 더 큰 방법을 제공하고 도시민들이 더 많이 배우고 해양과 더 깊이 연계될 수 있는 몇 가지 중요한 방식을 보여주는 단체와 클럽도 있다.

조개껍데기를 모으는 것을 즐기기 위해, 우리는 조개껍데기에 대해 아무것도 알 필요가 없다. 하지만 많은 것들과 마찬가지로, 약간의 지식은 그것을 더 재미있게 만들 수 있다. 블레어Blair와 다운 위더링턴Dawn Witherington의 책『플로리다의 살아있는 해변들Florida's Living Beaches』은 해변에서 발견될 가능성이 높은 조개껍데기와 해양생물의 지도와 사진을 제공하는 최고의 해변정화 안내 책자 중 하나이다. 여기에는 버려진 어구부터 로켓 부품, 떠다니는 장난감까지 자연스럽지 않은 것들을 식별하는 데 도움이 될 '인간의 손The Hand of Man'이라는 장이 포함되어 있다. 마지막 장에서는 일련의 '해변 탐구'를 제안한다. 이 장은 아이와 어른 모두가 해안에서 훨씬 더 많은 시간을 보내도록 촉진할 수 있는 희귀한 물체를 제시한다. 이 작가들이 제안하듯이, 가상 희귀한 물제들은 진설적인 추구를 촉진할 수 있고 평생의 해변 모험의 상징적인 구실이 될 수 있다.[7] 그들은 또한 거북이 산책부터 상어의 이빨 수집에 이르는 모든 것을 포함하는 '탐구'에 대한 그들만의 제안을 제공한다.

그림 6-8. 조개 수집은 해양생물의 경이로움을 재미있게 소개한다.(사진 제공: 저자)

샌디에이고 자연사 박물관의 몇몇 자원봉사자는 자신들이 헌신한 시간과 그들이 이 지역에서 발전시킨 전문지식 덕택에 '조개 숙녀'라는 별칭으로 정겹게 알려지게 되었다. 이들 여성 중 한 명인 캐롤 허즈Carole Herz는 연체동물학, 과학 분야에서 공식적인 백그라운드가 없는 것으로 알려져 있는데, 그녀는 학술지에 게재한 논문을 통해 발견한 새로운 종의 연체동물 소개하였다. 샌디에이고 『유니온 트리뷴San Diego Union tribute』에 실린 허즈의 말에 의하면, 이 조개껍데기가 해양생물학에 대해 더 많이 배울 수 있는 '고리'가 되는 방법에 대해 언급하고 있다. "처음에는 이 아름다운 조개껍데기나, 때로는 여전히 흥미로운 못생긴 조개껍데기를 볼 수 있습니다. 그리고 나서 여러분은 그 안에 사는 해양동물과 그 동물이 어떻게 사는지 관심을 두게 되고, 그들에 대해 읽기 시작하고, 결국 여러분은 중독됩니다."[8]

미국(포틀랜드, 샌디에이고, 보스턴과 같은 도시)과 시드니, 오클랜드, 상파울루, 이탈리아 나폴리 등 전 세계에 적어도 25개의 조개껍데기 클럽Shell Club이 있다. 그들은 종종 오클랜드 조개껍데기클럽과 샌디에이고 자연사 박물관과 같은 자연사 박물관들과 연관되어 있다. 그들은 전문 과학자들(연체동물학자), 아마추어 연체동물학자, 그리고 조개 애호가들의 혼합체이다. 이 조개껍데기클럽 중 나수가 오랫동인 존재해 왔다. 예를 들어 보스턴 연체동물클럽은 1910년에, 오클랜드 클럽은 1931년에 설립되었다.[9]

이들은 일반적으로 연회비가 적은 비영리 회원 단체이다. 조개 수집과 해변 탐방을 통해 해양세계와 연계되는 것은 교육적이면서도 재미있는 일이 될 수 있는 장점이 있다. 그것은 야외에서, 해변과 파도타기와 가까운 곳에서, 그리고 종종 가족 및 단체들과 시간을 보낼 가능성을 제공한다. 해양에 대한 사랑이 이런 식으로 형성될 수도 있고, 어쩌면 우리의 해안 물과 해변이 얼마나 깨끗하고 건강한지에 대한 직접적인 관찰을 통해서도 형성될 수도 있다. 해변을 거닐고 썰물 때 바위 가장자리를 탐험하는 일은 도시 스트레스를 완화하는 동시에 무엇이 그 너머에 있는지에 대해 곰곰이 생각하고 배우는 것을 격려하는 데 도움을 주고 있다.

보트 타기,
요트 타기,
서핑, 다이빙

케임브리지의 커뮤니티보팅사Community Boating Inc.에서 돛단배와 카약의 왕래를 지켜보면서 나는 저렴한 보트 하우스 조직의 중요성과 거주자를 장소·물과 연결하는 데 그들이 가지는 가치를 확인하게 되었다. 보트 타기와 요트 타기는 스스로 많은 혜택을 주는 평생의 취미이면서도 도시 해양 문화의 매우 가치 있는 부분을 가꾸는 데 도움을 준다는 장점도 있다.

비영리 민간기업인 커뮤니티보팅사는 찰스강을 따라 항해학교와 보트 및 카약 대여소를 운영하고 있어, 수천 명의 도시 주민이 보트 이용을 쉽고 저렴하게 이용할 수 있다. 보트가 평생의 스포츠가 될 수 있고 중요한 기술을 가르치기 때문에 어린 나이에 물을 좋아하고 항해하는 것은 특히 칭찬받을 만하다. 여름 동안, 10세에서 18세 사이의 아이들은 단돈 1달러만 내면 무제한의 항해 강습과 범선 대여를 받을 수 있다.

보트 하우스 정문에 그려진 이 단체의 모토는 '모두를 위해 항해하라Sailing Here for All'이다. 비용은 종종 주요 장애물이므로, 이러한 바다 기반 활동과 관련된 비용을 줄이는 것은 중요한 목표이자 전략이다. 나는 보트나 항해에 대한 재정적인 이해와 도움을 주는 강력하고 유효한 공공의 목적이 있다고 믿는다. 그러한 프로그램들은 도시 주변의 물을 알고, 걱정하고, 심지어 밀접하게 연결된 도시 대중을 건설할 수 있는 큰 잠재력이 있다.

현재 미국항해협회가 인정한 9개의 '공동체항해센터Community Sailing Centers'가 있다. 또 다른 주목할 만한 예는 비영리단체인 밀워키항해센터Milwaukee Sailing Center이다. 1977년에 설립된 이 센터는 최근 80척 이상의 돛단배 선단을 위한 저장 공간은 물론 수업을 위한 공간을 제공하기 위해 164만 달러를 들여 약 557 제곱미터의 인상적인 '친환경' 건물을 신축했다. 수업은 8살 정도의 어린 아이들에게 제공된다! 이 항해센터는 지열 난방과 냉방을 통합하며, 수동적인 태양 광선을 포착하도록 설계되었으며, 또한 현장 빗물을 수집하고 처리할 수 있는 비 정원을 갖추고 있다. 밀워키 센터는 여름에는 60에서 80개의 수업을 제공하고 겨울에는 25에서 30개의 수업을 제공한다.

많은 해안 도시에서는, 조정, 카누, 카약 등이 점점 더 인기를 끌고 있으며, 이곳에서도, 이것을 가능하게 하는 데 도움이 되는 단체와 지역 비영리 단체들이 있다. 뉴욕시에서는, 뉴욕시 다운타운보트하우스New York City Downtown Boathouse와 같은 비영리 단체들이 방문객들과 거주자들이 카약을 무료로 사용할 수 있게 한다. 다운타운보트하우스는 시내 3곳에서 카약을 운영하는데, 카약은 20분 동안 무료로 체험이 가능하다. 일요일 카약 강습과 허드슨강 변 가이드 여행도 제공된다.

그림 6-9. 보스턴 항구를 항해하는 것은 거주자들을 바다와 다시 연결하게 한다.(사진 제공: 저자)

물론 해양환경을 즐길 수 있는 많은 다양한 방법이 있고, 다이빙과 스노클링, 서핑 등 많은 여가 활동은 해양세계에 대한 강한 애정과 관심을 함양한다. 이 수치는 이러한 오락적인 여가가 도시인들이 바다와 연결될 수 있는 중요한 방법이며 과소평가되거나 간과되어서는 안 된다는 것을 암시한다. 한 소식통에 따르면, 전 세계적으로 약 2300만 명의 서퍼들이 있다고 한다.[10] 다이빙장비·마케팅협회Diving Equipment and Marketing Association에 따르면, 전 세계적으로 6백만 명에 이르는 활동적인 오락 다이버가 있고, 약 2천만 명의 스노클러가 있을 가능성이 높다고 한다.[11] 다이빙강사협회Professional Association of Diving Instructors는 거의 백만 명에 가까운 공인 다이버가 있다고 한다.[12] 이러한 것들은 강렬한 감정, 경험 및 기억으로 이어지는 오락이며 고도로 교육적이며 해양세계의 옹호자와 수호자를 생성할 가능성이 크다.

해양 문해력을 향한 유람선

이론적으로, 유람선은 사람들을 해양과 연계시킬 수 있는 큰 잠재력이 있지만, 산업으로서, 그들의 행적은 암울하다. 소도시에서의 이들 선박은 폐수 배출부터 쓰레기 및 플라스틱 생성, 대기 오염(예: 질소산화물 배출)에 이르기까지 환경적으로 상당히 심각한 영향을 미친다.[13] 저

그림 6-10. 유람선 산업은 피서객들을 바다의 경이로움에 연계시키는 큰 잠재력이 있다.(사진 제공: 저자)

널리스트 로스 클라인Ross Klein은 『시애틀타임스』의 기사에서 "오수 배출, 고형 폐기물 배출, 소각로 사용, 기름이 묻은 선박 바닥 부품 유출 등 유람선에 의해 정기적으로 행해지는 많은 환경적 범죄가, 종종 유람선의 환경오염에 면죄부를 부여하는, 누더기가 된 미국 규제로 인해 처벌받지 않고 있다"라고 말했다.[14]

나는 승객들이 유람선이 어떤 의미가 있는지에 대한 다양한 목표와 비전을 가지고 배에 탄다는 것을 알고 있다. 대학 수준의 해양생물학 과목은 아마도 그들이 추구하는 것이 아닐 것이다(적어도 몇몇은 해양생물학 과목을 즐길 것이라고 확신한다). 유람선 업계는 서핑 풀과 천체투영관에서부터 LED 영화 스크린, 골프 시뮬레이터, 시연 주방까지 다양한 '특징이 풍부한 배'에 대해 이야기한다. 배에는 자기수평형self-leveling 당구대, 빙상장, 번지 트램펄린 등이 있다.[15] 그렇다면 유람선에 탑승한 승객이 그들을 움직이고 있는 더 큰 바다와 해양환경을 보기 위한 시간이나 의도를 가질 가능성이 있는가?

'해양'을 '유람선'과 연결하는 것과 관련하여 몇 가지 유망한 사례들이 있다. 홀랜드아메리카유람선Holland America Cruise과 시애틀에 본부를 둔 해양보전연구소Marine Conservation Institute와의 제휴로 '우리의 놀라운 바다Our Marvelous Oceans'라고 불리는 일련의 객실 내 영화뿐만 아니라 지속 가능한 해산물 프로그램을 설립했다. 이 영화들은 15척의 모든 선박의 객실에서 상영될 것이다. 첫 번째 영화는 손님들에게 해양 생태와 보존을 소개하고, 두 번째 영화는 특별히 지속 가능한 해산물을 다룬다. 영상들은 아름답게 촬영되고 제작되며, 홀랜드 라인 유람선 여행을 하는 수천 명의 승객이 시청한다면, 변화를 일으키고 새로운 인식을 심어줄 수 있는 잠재력이 실제로 있다. 실제로 '약속한 바를 실천하기' 위해 홀랜드아메리카는 배 안에서 지속 가능한 해산물을 제공하기로 약속했다. 온라인의 자주 묻는 질문(FAQ)에서는 자사의 조달 정책이 몬터레이만 수족관의 해산물파수Seafood Watch를 주로 활용하여 지속 가능하지 않은 수산물의 제품 구매를 피한다고 설명한다. 게다가 유람선은 해양 과학을 재정적으로 지원하고 해양 과학과 보존에 종사하는 젊은 과학자들에게 보조금을 제공하고 있다.[16]

다른 유람선사들은 가끔 항구 선착장을 해양환경에 대한 인식을 쌓는 기회로 삼아왔다. 몇 년 전, 국제보전협회Conservation International는 유람선 회사와 해양 보존 단체 및 하이킹, 여행, 그리고 과학 단체들 사이의 많은 유망한 협력 관계를 문서화 했다. 협력 사항 중 일부는 등산, 여행, 그리고 항구도시 방문을 통해 유람선 승객에게 해양 교육과 참여를 끌어낼 수 있는 여타 방법을 중심으로 이루어졌다.[17]

한 회사를 선택하고 (전 세계에서 50개 이상의 유람선 회사가 운영 중) 여행을 예약할 때 방문객과 잠재 유람선 고객이 해양 보전 조치에 대해 더 많이 생각할 수 있도록 하는 일도 잠재적인 접근법이다. 영국에 본부를 둔 바다바꿈이Sea-Changers는 환경 및 지속가능성을 약속한 기업과 소비자를 연결하도록 지원한다. 바다바꿈이는 유람선 예약 전 고객 조사를 독려하고, '해양 보전 활동에 투자하기 위해 어떤 조치를 하고 있는가', '환경기록은 무엇인가?' 등 질문을 던진다.[18] 프로그램에 참여하지 않는 유람선을 선택하더라도 고객들이 바다바꿈이에 기부할 수 있는 선택지도 마련되어 있다. 그것은 유람선이 미치는 영향을 상쇄하는 데 도움이 될 것이다.

신기술을 통한 해양 연계 구축

일상생활에서 기술(특히 스마트폰과 컴퓨터)의 혁신은 도시, 도시 주민과 멀리 떨어져 있고 거의 보이지 않는 해양세계 사이에 새로운 연계를 구축할 수 있는 흥미로운 가능성을 제공한다. 우리는 거의 모든 것에 애플리케이션 소프트웨어 또는 '앱'을 사용하는 태블릿과 스마트폰 시대에 살고 있다. 어떻게 하면 기술혁신(그리고 비교적 저렴한 비용으로)을 더 잘 활용하여 우리를 해양으로 연계시킬 수 있을까?

소비자들이 해양생물과 서식지를 보호하는 방법을 인지하고, 배우고, 이해할 수 있도록 돕는 새롭고 빠르게 진화하는 유망한 스마트폰 애플리케이션들이 있다. 한 가지 예는 나의 휴대폰에 설치한 앱인 고래감지Whale Alert이다. 미국 북동부 해안선을 따라 고래를 실시간으로 추적할 수 있어 감시용 부표 근처에서 고래가 어디서 발견됐는지를 보여준다. 이 앱은 고래에의 충돌 가능성을 경고하고 속도가 감소되어야 하는 시기와 특정 고래 영역을 피해야 하는 시기를 표시하므로 뱃사람과 선장에게 특히 유용한 앱이다.

서호주의 앨버니시는 수중 웹캠을 설치하여 웹 사이트에 스트리밍을 통해 이 특이한 해안 암초의 물과 어류에 대한 시각적 경험을 전달했다. 모든 주요 해양 또는 항구도시는 이러한 장치들 중 하나 이상을 설치할 수 있다. 이미, 매우 도시적인 환경에서 송골매의 둥지를 만드는 매우 색다른 시도가 많은 미국 도시에서 공통 관심사가 되었다.

또 다른 창의적인 아이디어는 독특한 수중 음향을 도시 주택의 거실로 전달하는 것을 포함한다. 예를 들어, 주피터재단Jupiter Foundation은 수중 음향, 특히 혹등고래의 소리를 수중마이크를 통해 수집하는 일련의 부표들을 설치했다.

새로운 기술은 또한 자원 소비와 그에 따른 대양에 대한 압력을 줄이기 위한 조치를 하는 데 도움이 될 수 있다. 그 예로는 에너지, 물 등의 소비를 줄이는 방법에 대해 일일 팁을 보내는 해양보전리플앱Ocean Conservancy's Rippl app이 있다. 또 다른 예로 몬터레이만 수족관의 해산물파수 앱이 있는데, 해산물파수 카드에 제공되는 정보와 안내를 스마트폰에 편리하게 전달한다.

현대적 생활 조건에서 중요한 사실은 우리가 실내에서 컴퓨터 화면 뒤에서 보내는 시간이 많아졌다는 것이다. 이는 통상적인 근무시간 동안 해양세계와의 연계가 어떻게 만들어질 수 있는지에 대한 의문을 제기한다. 여기서 가능성의 한 예는 블루TheBlu에서 볼 수 있다. 블루는 새로운 '디지털 해양환경'으로, 컴퓨터 화면에 전달되는 컴퓨터 애니메이션 해양세계다. 여전히 베타 모드이지만, 이미지는 아름답고 개념은 창의적이다. 이 '온라인 해양세계'를 시청하는 사용자와 디지털 세계에 맞는 종을 선택하고 설계할 수 있는 예술가가 있다. 블루는 '인터넷을 전 세계적으로 연결된 3D 디지털 바다로 만들어 모든 사람에게 재미있고 교육적인 경험을 제공할 것'을 약속한다.[19]

온라인상에서 해양에 대한 '몰입적인' 경험을 하는 것이 진정으로 가능한지는 의문이지만 블루가 교육적 컴퓨터 프로그램, 그리고 그 프로그램의 인지도를 높이고 있다는 것은 의심할 여지가 없다. 또한 블루의 경우, 앱은 해양과 가상의 연계뿐만 아니라 해양 비정부기구가 자금을 조달할 수 있는 플랫폼을 제공한다. 사용자가 수익의 일부를 후원 비정부기구에 직접 전달하여 '대사人使 종種'을 채택(구매)할 수 있기 때문이다.

결론

이 장에서 보았듯이, 도시 거주자가 주변의 놀라운 해양생물에 대해 배우고 연계할 수 있는 많은 방법이 있다. 이상적으로, 이 해양세계에의 참여는 어린 나이에 이루어져야 하겠지만, 그러한 노출은 어른과 어린이 모두에게 경이로움을 제공할 수 있다. 특히 해안과 해양환경의 가장자리에 자리 잡은 많은 도시에 대한 해양 문해력은 도시 생활의 필수적인 측면으로 이해되어야 한다. 희소식은 수족관 방문, 해변 산책, 또는 항해, 고래관찰과 같은 오락 활동을 통해서 해양 생활을 실제로 가정에서 아주 가까운 곳에서 경험할 수 있다는 것이다. 이러한 활동은 자연, 그리고 우리와 함께 지구를 공유하는 다른 형태의 생명체와 연계되어야 하는 우리의 깊은 필요성에 대응하며 도시에서의 삶의 질을 향상한다.

도시는 바다, 가능하다면 해서 생활에 접근할 수 있는 안전하고도 접근 가능한 장소를 제공함으로써 자신의 시민들이 이러한 활동에 참여하도록 장려하는 역할을 한다. 너무 많은 사람이 민감한 장소를 방문함에 따라 발생할 잠재적인 피해에 대한 우려로, 푸른 도시는 해양환경과 더 큰 관계를 구축하는 활동을 지원 및 장려하기 위해 자금을 투입하고 계획한다. 해양에 접한 도시의 많은 거주자는 사실 오락용 보트를 타는 사람이거나 수영하는 사람, 스노클러나 잠수부들인데, 해양세계에 대한 사랑을 강화하는 이러한 활동을 도시들이 촉진할 수 있는 효과적이고 도움이 되는 방법들이 있다. 아마도 언젠가는 1인당 현역 돛단배 항해사나 잠수부의 수만큼이 블루 어바니즘에 참여하는 도시의 한 대리인이 될 수 있을 것이다.

수질을 개선하고 도시 인근 수생 서식지의 생태를 복원하면 종종 도시인들이 지니는 타자에 대한 감각, 접촉에 두려움을 없애는 데 도움이 될 것이다. 많은 도시에서 더러운 것으로 인식되는 항구의 물에 우연히 빠지는 일은 가장 가까운 병원의 응급실로의 이송이 필요한 것으로 여겨진다. 코펜하겐과 같은 몇몇 도시들은 항구와 항만의 물을 정화하는 데 큰 진전을 보여주었다. 그곳의 산업 활동의 점진적인 감소로 인해 수질 개선이 보다 쉬워졌으며, 현재 그 도시들에는 몇 개의 공공 수영구역이 있다. 코펜하겐은 항구의 물이 수영할 수 있을 만큼 깨끗하다는 사실을 충분히 자랑스러워한다.

궁극적으로, 앞 장에서 다루어진 여러 블루 어바니즘의 의제에 대한 지지와 정치적 의지는, 이러한 혁신적 구상과 사랑받는 취미를 개발하고 그 확장을 도와주는 해양세계, 여기에 대한 지식과 사랑을 가진 시민을 필요로 할 것이다.

제7장

해양과 도시의 연계를 위한 새로운 구상

제6장에서 입증한 바와 같이, 도시거주민이 직접 해양을 즐기고 배울 수 있는 다양한 방식이 있다. 고래 관측, 해변정화, 심지어 유람선 관광이 해양세계를 배우고 관계를 맺을 수 있는 기회가 될 수 있다. 그리고 오락·여가 활동이나 학교 동아리에 의해 조직화된 야외활동을 넘어 도시거주민이 해양 기반의 시민과학, 해양·해안 복원프로그램에 참여하고 기여할 수 있는 기회도 늘어나고 있다. '시민과학'의 기회를 통해 비과학자도 해양과 해안의 관리·조사에 직접 참여할 수 있는 기회가 마련되고 있다.

시민과학자는 편견 없는 정보의 취합, 자료의 기록·관찰에 참여하며 일반적으로는 전형적인 약간의 교육을 거쳐 과학적 활동에 참여한다. 이러한 노력은 때로는 직접적 참여를 통해 과학적 신보에 일석이조의 효과를 가져오는 동시에 자신들이 관심을 기울여 조사하는 자원·종·서식지와 시민을 연계시킨다. 대다수 시민과학프로그램은 최근에 시작되었다. 과학 기금과 인적 자원이 늘 부족한 이 시대에 시민과학자는 우리를 둘러싼 종의 다양성을 분류하고 상태를 조사하고 궁극적으로는 보호하는 기념비적 노력에 더욱 중요한 역할을 담당한다.

시민과학자는 해양환경(활동)을 통해 중요 역할을 수행하는데 예를 들어 미국의 동부해안을 따라 북대서양참고래의 움직임을 추적하거나 바다거북 산란처의 상태를 파악·조사하는 등의 활동이 있다. 그야말로 배울 게 너무 많고, 또한 추적하고 조사할 것이 매우 많기 때문에 이 모든 일은 전문적인 과학공동체의 지도하에 수행되어야 한다. 시민과학자로서 활동하는 것은 관련된 이들의 삶에 엄청난 변화를 가져오고 삶의 질을 높인다.

해양기반 시민과학프로그램에 참여하는 것이 매우 즐거울 수 있으며 개인의 건강을 여러 측면에서 증진한다는 증거가 여럿 있다. 이러한 프로그램은 참가자의 자연과의 관계 맺음에 도움을 주며 적어도 내가 주장해왔듯이[1] 자연·생태계와의 일상적 연계에 있어 필수적인 감정적 필연성을 부여한다. 게다가 그런 경험은 공동체를 건설하고 공동체에 더욱 헌신하게 하며 개인적 고립감(현대 사회의 진정한 문제)을 극복하는 것을 도울 수 있다. 또한 이를 통해 신체적으로 보다 활동적이게 된다.

또한 해양기반 과학프로그램은 블루 어바니즘 윤리로 전진하는 가장 좋은 방법의 하나가 될 수 있다. 2010년 호주 빅토리아에서 있었던 해양조사Sea Search 시민과학프로그램의 참여자에 대한 연구는 이러한 이점을 매우 명확히 보여준다. 설문지에 응답하면서 참여자들은 참여의 긍정적 가치에 대해 다양한 의견을 피력하였다. 이 연구는 '해양조사 시민과학프로그램에의 참여를 통해 회원들은 자연에 연계되고, 일상생활의 건강·웰빙에 대해 긍정적 태도를 나타냈다. 더 나아가 자발적 참여는⋯⋯ 개인적 만족과 해양환경을 돌보는 것에 대한 일종의 자부심을 생산했다'라고 결론지었다.[2]

이러한 연구들은 시민과학이 가진 일석이조의 가치를 보여준다: 해양건강에 대한 판단을 내릴 때 도움이 되는 데이터를 다양한 방식으로 제공하는 한편, 해안·해양환경에 대한 친숙하면서도 직접적 접촉의 기회를 도시 거주자에게 제공한다. 이를 통해 시민들은 해양친화적인 긍정적 행동과 더불어 생활방식의 변화를 이끌 수 있는 관심·인식을 증대시킬 수 있다. 몇몇 응답자의 대답에서 나타나듯 이러한 유형의 프로그램은 해양환경에 대한 일종의 개인적 책임감과 주인의식을 배양할 수 있다.[3]

워싱턴주州 퓨젯 사운드만灣Puget Sound 주변에서 복원 활동을 하는 시민과학프로그램 해변지킴이Beach Watcher는 이러한 활동의 효용성을 보여주는 또 다른 사례이다. 이 프로그램은 1989년 아일랜드 카운티Island county에서 시작되어 현재는 퓨젯만과 시애틀 등 광범위한 지대에서 수백 명의 시민이 공동체 활동에 참여하고 있다. 참여자는 사운드만과 그것이 지탱하는 유기체·생태계의 생물학·과학을 학습하는데 100시간씩 집중적으로 할애한다. 워싱턴주립대학이 이 프로그램을 지원·조직하였는데 현재 사운드만 주변 총 7개 카운티에서 활동하고 있다. 해변지킴이는 어획부터 섭금류 계수涉禽類計數·청소·교육에 이르기까지 다수의 해안·해양 보전 활동에 참여하고 있다. 이 아이디어는 무료연수에 대한 대가를 공동체에 되돌려주기로 하였던(적어도 100시간 이상의 자원봉사) 정원사양성과정에 기반을 두고 있다. 여하튼 해변 지킴이는 수천 명의 시민을 아우르며 이들에게 다양하고 직접적인 조사를 하도록 지원하는 한편 해양환경에 대한 강한 헌신감을 지니고 이러한 환경을 돌보게 하는 일에 매우 성공한 프로그램으로 성장했다.

해안지킴이의 헌신감·열정은 워싱턴주립대 해안지킴이WSU Beach Watchers의 웹페이지 글과 문구에서 분명히 나타난다: '우리는 퍼젯만 주변 공동체의 일원으로서 퍼젯만의 값진 유산을 보다 잘 보호하기 위해 퍼젯만의 생명체, 경관 그리고 자연자원을 배우는 데 헌신한다.'[4]

생태계 전체보다는 특정 종에 초점을 맞춘 프로그램 또한 시민과학의 주요 부분이다. 아메리카 뱀장어Anguilla rostrata의 예는 그 뱀장어처럼 우리도 바다와 육지를 연결할 수 있다는 어떤 가능한 희망을 마음속에 불러일으킨다. 이 종의 생물학이 매혹적이다고 말하는 것만으로는 부족하다. 이 뱀장어는 대서양의 사르가쏘해海Sargasso Sea에서 태어나 새끼로 자라나면('실'뱀장어로 알려짐) 미국 동부해안을 따라 민물 강줄기로 여행한다. 산란하기 위해 결국 사르가쏘해에 되돌아오기 전까지 이들은 20여년가량 이들 민물에서 서식·성장한다. 그 생의 여정은 상당한 거리인 동시에 주목할 만한 생물학적 변화이다.

아메리카뱀장어연구프로젝트American Eel Research Project는 인상적인 시민과학의 또 다른 예이다. 고등학교 학생들과 여타 공동체 자원자들이 참여하는 이 프로그램은 허드슨강 12개 분기 지점에서 (승망桝網을 이용하여) 실뱀장어의 상태를 매일 조사한다. 2012년 봄에는 스태튼 아일랜드Statern Island에 최초의 도심 표본채집장소를 추가하였다. 최근에는 스태튼 아일랜드에서의 표본채집이 이 매혹적인 아메리카 장어가 처음으로 모습을 드러내는 곳일 수 있다는 가능성이 알려졌다. 보이스카우트에 참여하는 아홉 살 회원의 말을 빌자면 "나는 먼 대양으로부터 여행해온 개네들이 좋아요… 이를 생각하는 것은 멋진 일이예요. 이 작은 생명체들이 이 물 속, 바로 여기에 있다는 것이 너무나 놀라워요."[5]

돌고래파수
−서호주, 퍼스

시민과학을 통해 도시성에 개입하는 흥미로운 모델이 서호주 퍼스, 스완-캐닝강Swan-Canning River에 자리 잡은 남방큰돌고래Indo-Paific dolphin의 서식 개체군을 중심으로 펼쳐지고 있다. 강의 관리를 책임지고 있는 정부 단체인 스완강 재단the Swan River Trust은 성공적인 하천수호대River Guardians 프로그램을 머독Murdoch · 커틴Curtain 대학에 있는 과학자의 연구수요와 결합하였다. 2009년 시작한 소위 돌고래파수Dolphin Watch 프로그램은 시민들이 직접 자료수집에 참여하는 근래의 수많은 노력 중 하나이다. 이 프로그램의 주안점은 상대적으로 알려지지 않은 돌고래의 행동 · 생물학에 대한 보다 나은 이해를 위해 풍부한 관찰 데이터베이스를 구축하는 데 있다. 최근 상황을 알기 위해 나는 퍼스에서, 스완강 재단을 위해 본 프로그램을 운영하는 마르니 지로드Marnie Giroud와 만남을 가졌다.

현재 퍼스에는 360명 가량의 훈련된 돌고래파수꾼Dolphin watchers이 있다. 이들은 돌고래의 생태 · 생물학과 더불어 돌고래를 관찰하여 자료를 수집 · 기록하는 방법(특히 돌고래들이 어디에서 관찰되고 이들이 무엇을 하는지)을 익히는 프로그램을 거쳤다. 강의 구역을 나누어 자료를 수집하고 이 자료는 프로그램 웹페이지에 게시된다. 자료는 돌고래의 생애 · 생물학에 대해 보다 구체적 그림을 그리는 데 도움을 준다. 지로드는 다음과 같이 설명한다 : "우리는 개별 구역별로 많은 정보를 취합하고 있으며 이는 우리로 하여금 이전에는 전혀 정보가 없었던 동물이 얼마나 멀리 상류로 여행하는지에 대해 묘사할 수 있게 도와주고 있습니다" 또한 이 데이터는 돌고래에 대한 위협을 과학자들이 보다 잘 이해하게 활용되어야만 한다. 예를 들어, 2009년 2009년 6마리의 돌고래의 죽음은 걱정스러우면서도 어찌 보면 하나의 미스터리였다(어망에 걸렸거나 바이러스로 인한 것이라 추정됨에도 말이다).

강을 주목하고, 바다를 주목하고

돌고래파수는 또한 개별 돌고래를 식별하고 명명하는 일을 하며 돌

그림 7–1. 어미 돌고래와 새끼, 퍼스, 호주(사진 제공: Marnie Giroud, Dolphin Watchers)

고래 개체마다 가진 독특한 등지느러미 사진을 기록한 소위 '지느러미 책'을 개발했다. 지로드는 돌고래를 과잉의인화(이는 다른 동물 종에 비해 돌고래의 지능이 뛰어나기에 보다 용이하다)하고 있다는 것을 잘 알지만, 퍼스 거주민들을 위해 이러한 동물의 가시성과 정서적 연계의 잠재성을 증대시키는 이러한 행위, 즉 동물을 사람처럼 취급하고 개별 생명체에게 얼굴과 이름을 부여하는 일이 가치 있는 것이라고 믿고 있다. "사람들은 돌고래에 대해 공감합니다"라고 그녀는 언급하는데, 이는 대중에게 다가가는 귀중한 방법이 될 수 있다. "강 보전을 위해 돌고래를 하나의 주력 종으로 이용하는 것은… 우리에게 도전이다." 그리고 이는 효과가 있는데 그녀는 "이전에는 관심이 없었던 이들이 참여하고 있다"라고 말한다.

돌고래에 대한 관심과 개입이 더 광범위한 수중 환경과 덜 매력적인 수많은 동물지(動物誌)의 거주민에 대한 돌봄·관심으로 이어질지는 블루-어바니스트 사회로 이동함에 있어 하나의 근본적 질문으로 맴돈다. 지로드는 이에 대해 매우 긍정적이다. 그녀는 돌고래가 시각화하거나 들여다보기 어려운 보다 큰 수중세계에 도시민이 다가갈 수 있는 일종의 감정적 입구를 제공함으로써 도시민과 강의 감정적 유대를 형성하는 것을 정말로 돕는다고 말한다. "그것은 사람이 동물과 서식지 사이를 연결하는 하나의 지점이자 분리 불가능한 연결 고리이고 그래서 서식지에 끼치는 사람의 영향과 그들의 행동을 변화시키기 위해 무엇을 해야 하는지에 대해 연관시킨다." 궁극적으로 돌고래파수가 일부로 있는 더 큰 프로그램 강수호대River Guadians의 목적은, 예를 들어 비료 남용과 같이 강 체계의 건강을 위협하는 일에 대처하기 위한 정보와 동기부여를 거주민에게 전달하여 행동을 바꾸는 것이다. 지로드는 도시 물 생태계의 건강과 활용 등에 대한 상태를 조사하고 대중이 이를 인식하게 하는 등 단순한 '강에 대한 보다 많은 관심'이 지니는 일의 가치에 대해 지적한다.

360명의 자원봉사자가 지난 2년간 교육을 받아왔다. 이는 2백만 정도의 대도시 권역에서 많은 숫자처럼 여겨지지 않지만 참가자들은 매우 적극적이고 열광적이다. 지로드는 대다수 수호대가 친구·동료를 모으는 일을 통해 그 범위를 확장해오고 있다는 점을 지적한다. 예를 들어, 한 돌고래파수꾼은 일상적 카약커kayaker인데 현재는 그녀의 동료 카약커를 돌고래 탐색에 동원하고 있다. 이 프로그램은 지역 요트클럽인 왕립퍼스요트클럽Royal Perth Yacht Club을 포함해 현지 유람선 선사, 그리고 항만관리청을 비롯해 스완강과 연관된 모든 관계자 등 몇몇 파트너를 발굴하였고 이들의 회원·고용인은 현재 가까이서 돌고래를 쭉 지켜보고 있다.

돌고래에게 있어 특히 중요한 장소가 스완강과 인도양의 중간지대인 프리맨틀Fremantle항에 있다. 과학자들은 돌고래가 서로 소통하고 어울리기 위해 여기에 모인다는 사실을 발견했다. 또한 이곳은 어느 날 문득, 프리맨틀-퍼스행 열차 승객이 차창 밖으로 즐겁게 뛰노는 돌고래를 볼 수 있는 장소이기도 하다. 이런 자연스러운 모습을 볼 수 있는 기회는 드물며 게다가 수중 대사人使들을 보다 잘 볼 수 있는 영리한 방법은 여전히 하나의 도전이다. 마르니 지로드는 '돌고래 캠'이라는 나의 제안을 좋아했는데, 이는 실시간으로 돌고래의 이미지(그리고 아마도 소리)를 퍼스 시내(그리고 아마도 퍼스 노동자의 스마트폰으로) 사무실에 전달하는 것이다. 이러한 이미지는 현대 사무실 공간의 사원단질과 스트레스를 감소시키는 한편 퍼스 시민에게 그들이 취할 수 있는 다음 기회가 이들 돌고래를 찾는 일이라는 것을 상기시키는 역할을 할 것이다.

2012년 6월 기즈모Gizmo라고 이름 붙인 돌고래 새끼가 위험하게도 낚싯줄에 얽혔을 때 돌고래파수네트워크는 이들의 가치를 명확히 증명했다. 지로드의 파수꾼네트워크는 그 상황에서 구조를 조직하는 일을 지원했다. 그들은 새끼와 투팍Tupac이라 불리는 어미의 움직임을 추적·관찰했다. 퍼스 수상경찰Perth Water Police이 새끼를 성공적으로 포획하여 낚싯줄에서 풀어주기까지 구조 작업은 네 번 실패했다.

얽힌 낚싯줄이 새끼 등지느러미를 거의 잘라 낼 정도의 상처를 주었지만 현재는 양호한 것으로 보인다. 돌고래 구조를 알린 언론 보도는 수상경찰 중 한 명인 브루스 로저스 경감Senior Constable의 말을 인용했다: "(물 속을) 들여다보고 새끼 돌고래가 몸부림치는 것을 본다면 인간으로서 당신은 아무 것도 하지 않을 수는 없을 겁니다." 너무나 자주, 실제로 우리가 할 수 없는 일들이 있다.

〈글 상자 7-1〉 기즈모 구출

낚싯줄에 걸린 돌고래 새끼인 기즈모 구조는 처절하면서도 서호주 퍼스에서 매우 많이 본 보도인데 도시의 해양 종에 대한 관심과 보호에 대한 증거이기도 했다. 수상경찰 홍보처는 기즈모를 구출하고 낚싯줄을 제거하는 데 필요했던 일을 설명한 보도자료를 배포했다.

오늘 아침 8시 경 수상경찰의 부르스 로저스 경감은 강에서 헤엄치고 있는 한 무리의 돌고래를 포착했다. 기즈모가 부두 아래에서 등지느러미 주변에 뒤엉킨 낚싯줄·로프·해초 더미를 질질 끌며 헤엄칠 때, 그는 부상을 당한 돌고래 새끼가 혹시 있는지 살펴보며 부두에 서 있던 중이었다.

로저스 경감과 두 명의 수상경찰 잠수부는 기즈모의 정확한 위치를 확보하기 위해 강체팽창rigid inflatable 보트에 올라탔다. 그들이 로키만 동프리맨틀Rocky Bay East Fremantle 구역에 다다랐을 때, 수상경찰 잠수부는 물속으로 들어갔지만 기즈모를 잡을 수는 없었다.

그들은 스완 요트클럽Swan Yacht Club으로부터 100미터 가량 해안기슭을 따라 기즈모와 그 어미를 따라갔다. 잠수부들은 돌고래 바로 앞에서 물속으로 들어갔다. 기즈모와 그 어미 투팍은 잠수부 아래로 잠수하였다.

브로디 베이커 순경은 아래로 잠수하여 기즈모를 간신히 잡아 수면 위로 데리고 왔다. 글렌 봇Glenn Bott 경감은 베이커 순경을 도와 기즈모가 혹시라도 손아귀를 빠져 헤엄쳐 나갈까를 염려하여, 즉각 기즈모를 낚싯줄과 로프로부터 풀어주었다.

구출을 하는 동안 투팍은 꼬리를 동원하여 기즈모를 잡기 위해서 세 차례 시도하였고, 기즈모를 잠수부의 손아귀에서 빼내려 하였다. 투팍은 잠수부들이 기즈모를 도우려 한다는 것을 깨닫고는 잠잠해졌으며 잠수부들은 간신히 허리까지 오는 곳으로 기즈모와 함께 수영했다.

잠시 후 DEC 직원이 경찰을 지원하여 퍼스 동물원 수의사들이 기즈모의 상처를 치료할 수 있게 기즈모를 들것으로 옮겼다. 부상이 치료되자 기즈모는 엄마 품으로 풀려났다.

만灣을 치료하자

남부 캘리포니아 단체 '만을치료하자'는 또 다른 노력을 보여준다. 이 단체는 2011년 MPA파수MPA Watch 라는 조그마한 파일럿 프로젝트로 시작되었다. 자원봉사자는 교실수업과 현장실습 두 부분으로 구성된 훈련 프로그램에 참여하였다. 이들은 우선 해양이용자를 조사하면서 말리

부와 팔로스 베르드Palos Verdes의 해변을 거닌다. 그들은 해양보호구역 근처에서 사람들의 해변·해양활동을 기록한다. 이들 활동에는 두 가지 종류가 있다: 낚시와 같은 '소모적' 활동, 또는 수영·야생생활을 그냥 지켜보는 '비-소모적' 활동. 여타 단체가 수면 아래 종의 건강정보 수집을 위해 잠수부와 함께 활동하는데 비해 '만을치료하자'는 인간의 '자원' 활용과 연관된 자료수집에서 일종의 격차를 발견하였다. 또한 잠수자격이 없는 이들도 의미 있는 자료를 수집하는 일에 참여할 기회를 제공하고자 하였다. 이 단체의 목적은 사람들이 새로운 MPA를 활용하는 방법에 대한 정보를 수집하고 보호구역 관리에 대한 정보를 제공하는 일을 돕는 것이다.[6]

시민과학프로그램들은 항상 특별한 훈련을 요구하지는 않는다. 붉은지도(Red Map: Range Extension Database and Mapping Project의 머리말을 딴 것이다)는 크라우드 소싱의 사례이다. 시민들은 현지에서는 생소한 생물군의 사진 촬영을 요청받으며 이를 프로그램 웹 사이트에 올린다. 그러면 이들 종을 정확하게 식별하고 이들이 전형적 장소가 아닌 곳에서 발견한 것인지 아니면 통상적 장소에서 찾아낸 것인지에 대해 확인하기 위해 해양과학자가 이 사진을 다시 검토하고 확인한다.[7] 해양·남극 태즈메이니아연구소the Tasmanian Institute for Marine and Antarctic Studies의 그레타 페클Gretta Pecl 박사가 추진하는 이 프로그램의 목적은 바다 온도의 상승이 생물학적 패턴·분포를 바꾸는 방식을 추적·관찰하는 일이다.

이 프로그램은 태즈메이니아에서 시작되었지만 호주 전역으로 확대되었다. 호주 붉은지도에 한번 가본다면 해양생물군의 인상적 사진-잠수부가 수중촬영한 제브라피시zebrafish나 긴가시나무성게longspine sea urchins와 같은 종, 낚시꾼이 보트 위에서 찍은 부시리yellow king-fish나 만새기mahimahi와 같은 종의 사진-을 볼 수 있다. 호주는 낚시 · 보트 타기 · 잠수 활동을 주기적으로 하는 시민이 3백만 명이 넘는다-이는 바다의 상태 변화를 관찰하고 기록할 수 있는 사진 자료를 수집할 수 있는 수많은 잠재적 눈을 의미한다.

미국에서는 해안가의 많은 거주민이 북방참고래에 대한 위협 · 생태를 보다 잘 이해하기 위해 고래를 탐색하고 그 상태를 관찰하는 시도에 참여하고 있다. 미국 동부해안을 따라 캐나다 영해에서 출발하여 조지아와 북부 플로리다 해안의 번식지로 이동한 400마리의 북대서양참고래가 있다.

플로리다 해안을 따라 800명의 자원봉사자 네트워크가 보트와 발코니에서 고래 관측한 것을 보고하며 이들의 진행을 추적 · 관찰한다. 플로리다 멜버린 근처에 자리 잡은 비영리단체 해양자원위원회The Marine Resources Council는 북방참고래 자원봉사자 관측네트워크의 중요한 부분 중 하나인데 1990년대 중반 이후 북대서양참고래프로그램North Atlantic Right Whale Program을 운영하고 있다. 매년 12월 · 1월에 위원회의 직원들은 자원봉사 관측자를 위한 일련의 실습 세션을 제공한다. '관측'은 다양한 방식으로 이루어지며 심지어 주민이 높은 해안가 콘도에서 고래를 찾는 경우도 있다. 또한 참고래 관측보고 핫라인도 있는데, 이는 고래와의

충돌을 예방하기 위한 노력이다. 보트 타는 이들에게 고래의 중요한 위치 정보를 제공한다. [8]

최근에 나는 북대서양참고래프로그램의 코디네이터로 15년째 활동하고 있는 줄리 앨버트Julie Albert와 이야기를 나누었다. 매년 봄 줄리는 고래 상태 관찰자가 되는 일에 관심이 있는 이에게 일련의 훈련 프로그램을 제공한다. 또한 현지 학교에 가서 대형 학교 동아리 · 과학 동아리에 참고래 설명회를 실시하고 있다. 참고래가 해안가로 너무 가까이 다가온다는 사실, 그리고 참여자 대다수가 해안가 고지대 콘도에 살고 있다는 사실은 주민 참여를 위한 이상적 조건을 창출한다. 앨버트는 기록상 여름에 관측된 참고래 사례처럼 몇몇 시민 발견의 사례를 통해 관측과 추적 · 상태관찰이 지닌 중요한 과학적 가치에 대해 이야기한다. 이러한 종류의 프로그램은 다른 방식으로는 수집하기 어려울지 모르는 중요한 해양 관리의 문제에 대응하는 일을 잠재적으로 도울 수 있는 유용한 자료를 많이 만들어낼 가능성을 지니고 있다. 게다가 이런 종류의 개인적 참여가 개인의 건강 · 웰빙을 증진하는 것을 포함하여 여타 많은 혜택이 있다고 할 때 그 함의는 보다 더 커질 수 있다.

앨버트는 은퇴자가 종종 느끼는 목적성 · 헌신감에 더해 고래 상태 관측 참여자에서 발견되는 동지애에 대해 말한다. "나는 거기에 확실히 헌신감이 존재한다고 생각하는 것과 더불어 그들 자신과 생각이 비슷한 사람이 있다는 사실, 즉 공통의 목적이 있다는 것을 인식하는 것 또한 매우 중요하다고 생각한다." 참여가 "그들이 하는 일을 인식시킨다는 것이 중요하다. 그리고 나는 생각한다. 그들이 해변에 나갈 때마다 이를 상기하면서 자신들과 마찬가지로 고래를 보고 환호하는 또 다른 20명의 사람이 함께 그곳에 서 있다고."

앨버트가 시민들을 지속적으로 참여시키는 영리한 방법의 하나는 '보이스-메시지방송시스템'을 이용하는 것이다. 일단 한 사람이 고래 상태 관측 훈련을 마치면 앨버트는 그 사람의 전화번호를 시스템에 연결한다. 그 사람이 고래를 포착하게 되었을 때 네트워크에 있는 모든 이들은 이를 알게 되고 실시간으로 고래를 관찰할 수 있는 기회를 가지게 된다.

해양복원:
도시 거주자의
바다 돌보기

자료수집에 기여하는 것을 넘어 많은 조직화된 프로그램은 시민을 직접 복원작업에 참여하게 한다. 호주와 여타 다른 곳에서 자원봉사자의 조직된 네트워크가 주말마다 해변과 연안의 거점에서 그 모습을 드러낸다. 예를 들어 해안돌보기Coast Care(호주에서 시작한 성공적인 토지 돌보기의 매우 성공적 모델에 기반을 둠)를 통해 자원봉사자는 해양 외래유입종을 제거하고 쓰레기를 줍고 나무·토종식물을 심는다. 호주 전역에 걸쳐 2000여 개의 해안 돌보기 단체가 활동하고 있다.

복원 활동은 더 멀리 진전될 수 있다. SPAT Southold Project in Aquaculture Training이라 불리는 뉴욕 롱아일랜드 동부 해안가의 매우 흥미롭고 성공적 프로그램은 '조개복원프로그램에 기반을 둔 공동체'로 불렸다. 이것은 20년 전부터 시작되었고 굴·조개·가리비 등을 재번식시켜 자라는 일에 시민들이 참여하게 했다. 이러한 조개류의 개체군을 증대시키는 일은 수질 정화와 해안 지역의 만의 생태계복원에 도움을 준다. 매년 400명 이상의 시민이 참여하여 년간 6,000시간 가량의 자원봉사에 기여하고 있다.[9]

SPAT는 양식의 기초를 자원봉사자에게 교육하고 이들에게 조개 양식에 필요한 도구와 장비를 제공한다(그들 소유의 해안선 '조개 정원'에서든 또는 SPAT의 공동체 조개 장소에서든). 사우스홀드 Southold의 부화장·양육장에서는 이러한 조개를 낳는 치패 larvae가 자라고 있다. 자원봉사자는 조개를 키우는 것뿐 아니라 양육장과 해조류 탱크 건설에 노동을 제공하는 것 등을 포함하여 다양한 방식으로 봉사한다. 자원봉사자는 확실히 조개 개체 수를 복원하고 이를 위한 수질·서식지 개선에 대한 욕구 때문에 동기 부여되기도 하지만 일종의 자신의 이해타산도 있다: 그들은 자신이 키운 조개 절반을 야생으로 돌려보내지만 자신의 소비를 위해 수확한 것의 절반을 가질 수 있는 것이다!

주민이 해안을 즐기는 방식과 일련의 기술에 근거하여 복원작업을 도울 수 있는 특별한 기회도 있을 것이다. 매우 광범위하고 활동적인 스쿠버 다이빙 커뮤니티에 참여하는 것도 한 방식인데, 여기에는 몇몇 인상적 노력이 있다. 매우 흥미로운 프로그램 중 하나가 남부 캘리포니아의 해안가의 자이언트 켈프숲의 복원에 수백 명의 스쿠버다이버들을 동원하는 일이다.

LA바다지기가 포함된 캘리포니아바다지기동맹California Waterkeeper Alliance의 후원하에 남부 캘리포니아에서는 1997년 이래 연안의 "켈프숲"을 보호하고 이에 대해 교육하는 켈프프로젝트Kelp Project가 활동해왔다. 국립해양대기청 기금의 지원하에 여기에는 구조 자격을 반드시 갖춘 자원봉사 잠수부가 참여하고 있다. 수면 아래에서 하는 많은 일에는 포식자 개체군의 감소로 인해 과도하게 늘어난 성게를 취합하여 재분배하는 일이 포함되어 있다. 또한 켈프프로젝트는 새로운 켈프 수(穗)를 심는 일을 돕는 자원봉사자를 감독한다. 켈프수의 대부분은 이 프로그램의 또 다른 중요 부분인 현지 학교에서 키운 나무이다.

한 켈프프로젝트 출판물에서 보듯이 켈프프로젝트 잠수프로그램은 매우 엄청난 성과를 거두어왔다. 예를 들어, 자원봉사자의 피드백을 통해 이들이 일하는 해양 서식지에 대한 증대되는 주인의식, 역량증대, 인식, 그리고 새롭게 심은 켈프숲에 대한 관심을 알 수 있다."

자이언트 켈프숲은 LA 도심과 고층빌딩 그리고 이 인간 도시를 규정하고 있는 인공 환경으로부터 조금 떨어진, 로스앤젤레스 카운티의 바로 그 해안에 자리 잡고 있다. 생태적으로 균형 잡힌 자연상태에서 이들 숲은 인상적인 경관을 보여주며 800여 종의 해양생물을 부양한다. 의심할 바 없이 많은 로스앤젤레스인은 이러한 켈프숲의 존재조차 모를 것이다. 그렇기 때문에 LA의 학습단위를 포함한 현지 학교는 또 다른 주요한 차원을 형성한다.

해안지기동맹Coastkeeper Alliance은 켈프프로젝트를 '공동체 기반접근'의 복원 사례로 묘사해 왔는데 이는 적절한 표현인 것처럼 보이며 수많은 블루 어반에 대한 도전을 다루는 뛰어난 방식인 것처럼 보인다. 이 프로그램은 자원봉사자가 해양자원을 복원하는 데 직접 참여하게 한다. 또한 이것은 주변 해양 생태계에 대한 광범위한 교육적 임무에 아이들과 선생님들을 동원하고 복원ㆍ보전을 위한 공동체의 감정적 후원과 중대한 지식을 형성한다. 이 프로그램의 모든 부분이 완벽하게 작동하

그림 7–2. LA 바다 지킴이 프로그램의 로스앤젤레스 해안의 거대 켈프 복원프로그램(사진 제공: Tom Boyd)

는 것은 아니라는 것은 지적해두어야 한다. LA지역 주변 교실에서 켈프를 키우는 노력과 키운 켈프를 다이버들의 도움에 힘입어 심는 일은 대체로 실패한 것처럼 보인다. 이는 새로 심어진 어린 켈프가 야생상태에서는 너무 빨리 먹혀버리기 때문이다.

전반적으로 성공한 것으로 파악되는 확대 해안지기동맹프로젝트 Coast keeperr Alliance project가 2007년 공식적으로 종결되었으나 켈프복원에 있어 유사한 노력은 특히 LA바다지기(공식적으로는 산타모니카만지기Santa Monica Baykeeper)의 활동을 통해 계속되고 있다. 이들은 100여 명의 잠수부 자원봉사 네트워크를 활용하여 2주에 한 번 꼴로 켈프복원 잠수 여행을 조직하고 있다.

LA바다지기의 브라이언 뫼Brian Meux가 이 프로그램을 조직하고 있다. 한 인터뷰에서 그는 이 독특한 해양 생태계, 그리고 여기에 참여한 자원봉사자 전원에게 돌아가는 혜택에 대해 상세하게 이야기했다. 그는 바다에 어떤 차별점을 만들고 무언가를 되돌려받는 방식의 일종으로서 자원봉사를 행하는 레크리에이션 잠수부의 욕망에 대해 언급한다. 뫼는 충분한 숫자의 자원봉사 잠수부를 늘 데리고 있지는 않지만 현지 잠수 클럽을 참여시키는 노력을 지속적으로 해왔다. 그의 설명회·전단 등에 대한 반응은 좋았다. "사람들은 자원봉사 잠수를, 목적을 지닌 실질적 잠수의 한 방식으로 간주하기 시작했다."라고 그는 말한다. 뫼는 또한 참여한 잠수부 사이에 생겨난 공동체 의식을 강조하였다. "사람들은 보트 위에서 서로에 대해 진심으로 알아가기 시작하는 중이다." 우정을 형성하는 것도 이러한 일의 일부이지만 대의를 추구하는 것이 지닌 중요성이 강한 매력을 준다. "사람들이 실제로 활동적인 자원봉사 잠수부일 때," 뫼의 설명에 따르면 "그들은 단지 자신이, 그들 자신들보다 더큰 어떤 것의 일부분으로 느끼는데, 이것이 바다를 돕기로 마음먹게 하는 계기이다."

그러나 뫼가 언급하듯이 이런 수중작업이 항상 쉬운 것은 아니다. 거기에는 안전에 대한 걱정이 늘 뒤따르며, 이미 위험한 잠수에 또 다른 위험을 가중한다. "우리는 수중에서 평소 잠수작업과는 다른, 집중이 잘 안 되는 일을 맡기고 있는데… 근데 다행히도 잠수부들은, 그들의 부력을 변화시킬지도 모르는 4파운드짜리 줄자를 충분히 잡을 수 있는 지점까지 잠수하는 것에는 편안해 한다. 그 지점은 그들이 앞사람을 따라 무리의 경로를 따라갈 수 있는 곳이다. 거기에서 그들은 공기가 떨어지기 전까지 작업을 수행할 수 있다." 이는 쉬운 일은 아니지만 명백히 굉장한 만족감을 준다.

LA바다지기와 같은 단체의 활동이 계속해서 이어지는 한편, 특히 팔로스 베르데 반도 해역에서는 산타모니카만 복원기금Santa Monica Bay Restoration Foundation을 조직하는 노력과 더불어 몬트로즈 회사와의 합의 (이는 바다에 DDT를 바로 투기한 것에 대한 벌금의 결과이다)로부터 기금을 최대화하는 일을 통해 켈프숲 복원작업을 활성화하려는 노력이 최근 나타나고 있다.

이처럼 놀라운 자이언트 켈프숲이 미국에서 가장 큰 도시 중 하나로부터 불과 몇십 미터 떨어져 있다는 것은 주목할 만한 일이다. 이는 대다수가 인지하지 못하는 해양의 경이로움과 생물 다양성의 한 면모이다. 설명회를 하면서 사람들이 켈프숲에 대한 지식이 얼마나 없는지를 알았을 때 종종 충격을 받는다고 뢰는 말한다. "많은 로스앤젤레스인은 켈프숲이 심지어 거기에 있다는 사실 자체를 모르며 켈프숲이 무엇인지는 더더욱 잘 모른다." 기초적 지식조차 사람들이 가지고 있지 않지만 뢰는 시간이 지날수록 주민들이 이러한 경이로움에 대해 알아갈 뿐 아니라 이에 대해 자부심이 커질 것이라고 희망한다. 켈프숲 복원과 상태관찰에 있어 이와 같은 노력은 아직은 미미하나 중요한 방식의 하나이고 이는 중요한 포부이다. 이는 그러한 미래를 획득하는데 제 역할을 할 것이다.

푸른 별의
집과 학교

또한 도시에서 우리가 살고, 일하고, 배우는 물리적 장소-집, 연립주택, 사무실 그리고 학교-와 바다·해양환경이 건강을 직접 보다 잘 연계하는 창의적 방식이 있다. 이러한 종류의 노력은 심지어 해변에 있지 않은 도시와 교외에서도 효과적일 수 있다. 앞에서 논의했듯이, 현대 생활양식에서 나오는 오수와 배기가스는 해양건강에 지대한 영향을 끼친다.

미국 녹색빌딩위원회US Green Building Council의 LEED 인증시스템과 '리빙빌딩챌린지Living Building Challenge' 등과 같은 녹색빌딩프로그램과 인증체계의 증가는, 빌딩설계에 대한 접근법에 있어서 건축가와 부동산개발사업자가 건물도 보다 큰 생태계의 일부임을 고취하는 빌딩설계 방식으로 이동하고 있다는 것을 나타낸다.

집·정원 주변에서의 행동의 연계-예를 들어 본인의 잔디에 농약을 사용할 것인가 아닌가 또는 보다 에너지 효율적인 조명시스템을 사용할 것인가 말 것인가-를 조성하는 '푸른바다가정인증체계Blue Ocean Home certification system'라는 아이디어에 나는 흥미를 가져왔다. 이와 유사한 모델이 버지니아주의 도심 북대서양 해안평야 일대Tidewater region of Verginia에서 가장 오염된 강의 복원과 재생을 위해 활동하는 비영리단체 엘리자베스강 프로젝트Elizabeth River Project에 의해 시작된 강·별·집River Star Homes 프로그램이다. 노퍽Norfolk과 같은 도시의 주거지역에서 시간을 보내본 사람이라면 독특한 형태의 강·별·집의 들판깃발들을 보게 될 것이다. 현재 이 아름답고도 푸른 깃발은 체서피크만Chesapeake Bay의 수질을 보호하기 위해 행동을 취하겠다는 주민의 의지를 보여주며 이 지역의 약 1300여 개 가정에 자랑스럽게 걸려 있다. 보다 구체적으로 주택소유자는 비료 사용 줄이기, 애완동물 배설물 치우기, 그리고 특히 적절한 장소에 보트 오물 버리기 등을 포함한 7개의 '쉬운 단계' 서약에 헌신하기를 요청받는다(글 상자 7-2를 보라).

또한 인상적인 것은 이 프로그램이 기업과 특히 학교로 확장되는 방식이다. 현재 140여 개의 강·별·학교River Star Schools가 있다. 2011-12년 이 학교들에서는 학생이 '굴 정원, 나비 정원, 야생 꽃 들판, 쓰레기 청소, 생태-예술, 재활용, 수질, 야생 동물과 식물군 확인 등등'을 포함하여 강 복원 프로젝트에 적극적으로 직접 참여해왔다. 엘리자베스강 분기점에 있는 이러한 학교를 다니는 2만 6천 명 이상의 많은 학생이 이 프로젝트에 참여하였다. 이는 이러한 노력의 잠재적 범위와 학교와 함께 활동하는 일의 가치를 보여준다.

〈글 상자 7-2〉 강·별·집 만들기 : '7개 쉬운 단계'에 헌신하자

1. 우리 개들을 따라다니며, **'배설물을 치우자'**. 애완견의 오물이 강에 씻겨 들어갈 때, 박테리아 수준이 수영을 안전하지 않게 한다.

2. 우리 잔디에 비료를 줄이자. 비료가 과잉된 잔디는 강의 생명체를 질식시키는 녹조 현상을 일으킨다.

3. 풀 조각, 나뭇잎, 기름 등으로부터 **빗물 배수관을 지키자**. 빗물 배수관은 강으로 간다. 심지어 나뭇잎도 강의 생명에 해를 끼치는 부영양화를 부추긴다.

4. **싱크대에 윤활유를 붓지 말자**. 부엌 싱크대에 윤활유를 붓는 것은 배수관을 막게 하는 원인이 되며, 이는 하수관의 범람으로 이어지고―강에 미처리 하수가 그대로 흘러가게 한다.

5. 모이를 주지 않는 것을 통해 **거위 이동을 돕자**. 지나치게 늘어난 거위는 강에 과도하게 많은 배설물이 생기는 것을 의미하며―이는 수영하기에 안전하지 않다.

6. 보트 오수를 적절한 시설에 **퍼내기**. 보트에서 강에 직접 투기하면 이는 수영할 수 없는 조건을 증대시킨다.

7. **약품을 변기에 버리지 말자**. 정수처리시설은 오수에서 약품을 제거할 수 없다. 안전한 처리 방법에 따라 약품이 강에 흘러들지 않게 하라.

출처: The Elizabeth River Project(http://www.elizabethriver.org)

도시후원
해양연구

　도시지자체는, 비정부기구나 개인의 해양참여 지원 프레임워크 제
공을 넘어서 해양 서식지에 대한 연구와 관련 사안을 후원하고 촉진하
는 일을 돕는 기금 · 시설을 구축할 수 있다. 연근해 환경이 수천 킬로미
터 떨어져 있는 보다 큰 체계적 해양 관리 문제와 서식지등과 관련된다
는 인식하에 아마도 해양 연구는 시 경계에 인접한 서식지에 집중될
수도 있다. 주기적 바다 조사 · 해양탐사 · 친선의 임무를 띠고 출항할
하나 또는 그 이상의 잠수정이 마이애미나 보스턴 또는 로스앤젤레스
와 같은 도시의 필수적 운송수단 대열의 일부로 합류할 수도 있다.

　푸른 도시는 하나 또는 그 이상의 시 소유의 해양항해용 조사선이
나 지자체소유의 잠수정을 포함한 장기적인 바다 · 해양 탐사 · 연구를
지원함에 있어 필요한 인프라에 투자할 수도 있다. 또는 이렇게도 말해
볼 수도 있는데 아마도 지자체의 보다 통상적인 여타 형태와 마찬가지
로 중요한 해양연구실 그리고 여타 보조 연구시설 · 구조물에 투자할지
도 모른다.

　직접적인 해양원정을 시도하지 않더라도 푸른 도시는 통상 수단 ·
범위의 측면에서 재원이 부족하거나 빈약한 이러한 탐험을 재정적으로
나 여타 수단으로 지원할 수도 있다. 많은 일이 상대적으로 적은 재정지
원을 통해서 성취되고 배움을 이룰 수 있다. 최근 적은 예산과 단 한 척

그림 7-3. 캘리포니아, 코델 뱅크Cordell Bank 국립해양보호구역National Marine Sanctuary에 85미터 잠수하기 위해 준비된 델타 잠수정(사진 제공: Anderson/NMFS/SWFSC and NOAA/CBNMS)

의 배만을 가지고 수행된 그린피스의 북극해 탐사는 북극의 수중생활에 대한 주목할 만한 통찰과 이미지를 얻어내기도 했다. 푸른 도시는 도시환경과 연관된 영향을 관리하고, 좀 더 잘 이해하기 위해 필요한 자료 수집 · 지식생신 · 연구를 지원하는 책무를 인식하고 있다.

　　종종 해안 도시는, 그들이 동원하기를 선택한다면, 그들을 둘러싼 놀라운 해양생물 다양성을 연구할 수 있는 능력과 자원을 가지고 있다. 싱가포르와 같은 몇몇 도시는 이러한 일을 시작하고 있다. 싱가포르의 노력은 모범적인데 여타 해안 도시와 지역을 위해 좋은 사례를 보여준다. 싱가포르는 현재 5년짜리 포괄적 해양생물 다양성Comprehensive Marine Biodiversity(CMBS) 조사를 수행 중인데 여기에는 수백 명의 자원봉사자가 참여하고 있으며 정부·대학·기업기금을 결합하여 후원하고 있다.[10] 도시 주변 해역과 수중에 사는 해양 생명을 찬찬히 살펴보는 것은 주목할 만한 노력이다. 남부 암초와 해저에 대한 3주 탐사(야간 암초 잠수를 완료!)를 포함하여 지금까지 2번의 탐사가 CMBS의 일부로서 이루어졌다.

싱가포르 CMBS는 이미 3만 개의 표본을 수집하였으며 새로운 해양생물로 보이는 14개를 확인했다. 특히 '립스틱' 말미잘, 새로운 오렌지 발톱 망그로브게.[11] 그 결과는 중요한 계획수립·관리에 대한 함의뿐 아니라 또한 굉장한 교육적 가치가 있을 것이다. 그리고 이러한 작업은 해양세계에 대한 더 깊은 감탄과 매혹을 낳아야 할 것이다.

블루 어반 도시는 여기서 상이한 방식으로 지도력을 행사할 수 있을 것이다. 그 방식으로는 원양과 연근해에 대한 이러한 탐사를 편성·조직하는 일에 대한 지원, 대학·과학기구·비영리 단체와의 협력 등, 기금조성 후원, 그리고 연구 결과·지식을 계획·정책·교육 프로그램에 통합하는 것의 후원 등이 있다. 진행 중인 탐사 역량에 대한 투자는 흥미로운 옵션이다. 해안 도시가 도시의 기반시설과 임무의 필수적 요소로서 하나 또는 그 이상의 과학선에 투자하고 운영할 것인가?

해양 자매
도시의 약속

해안·해양 도시는 연근해·원양의 해양 서식지와 환경을 지원하기 위한 다른 직접적 조치를 할 수도 있다. 모든 미국 도시는, 예를 들어 하나 또는 두 개 이상의 자매도시가 있는데 아마도 유사한 방식(비록 보다 창조적으로 고안되었다 하더라도)이 가능할지 모른다. 도시들은 특정한 바다 또는 해양 서식지에 대한 책임감을 가질 수 있다. 이 예에서 그러한 장소는 인간이 아닌 해양 주민들, 고래, 돌고래, 그리고 무척추동물이 차지하고 있는데, 이들은 자매도시와의 관계에서 정상적으로 존재하는 인간 문화와 시민을 대신한다.

나는 수많은 생산적 자매결연의 가능성을 상상할 수 있다. 아마도 어떤 도시는 특정한 해산海山 또는 열수구, 심해 열곡裂谷을 선택한다. 자매도시를 위한 통상적인 후원이 생겨날 것이다. 예를 들어, 쌍둥이 도시 city twin를 배우기, 그에 따른 이해 형성·지원·자문 제공 그리고 해양서식지 또는 지형이 위치한 장소에 대한 의존, 심지어 실질적인 물리적 방문 실시 등이다. 또한 보스턴은 뉴잉글랜드바다산맥New England Seamounts과의 자매결연을 선택할 수도 있고, 마이애미는 그레이트미티어해산Greater Meteor Tablemount을 선택할 수 있다. 여타 미국 동부해안 도시는 알려진 바로는 새끼 바다거북에게 필수적 먹잇감을 제공하는, 예를 들어 유명한 부유한 켈프 지대가 있는 아주 고요한 해양 지역인 사르가소 바

233

다를 선택할 수도 있을 것이다.

그리고 아마도 도시는 해양 보전의 기획과 구상을 위해 일하는 가까이 또는 멀리 있는 여타 공동체나 단체와 자매결연을 맺을 수 있는 보다 많은 통상적 방법이 있다. 도시들이 해양보전단체를 육성할 수 있게 지원하는 금융적·기술적 여타 지원은 엄청나게 많을 수 있다.

아마도 이런 방식으로 도시는 평화봉사단의 해양판본 단체에 참여하는 자원봉사자를 재정적으로 지원하거나 후원할 수 있다. 하나의 예로서 최근 태평양의 상어 보호구역 제정을 들 수 있다. 이는 팔라우Palau, 괌, 마셜 군도의 영토를 포함하여 규모 면에서 약 518만 제곱킬로미터에 이르는 지역을 포괄한다. 태평양섬 보전구상Pacific Islands Conservation Initiative의 자원봉사 조직가인 제시카 크램프Jessica Cramp가 보호구역을 만드는 데 결정적 역할을 하였다. 크램프는 현지 어민들의 후원과 승낙을 구하는 등의 광범위한 풀뿌리 활동을 통해 보호구역을 만들었다.『뉴욕타임스』 기사에서 설명한 대로 규제를 입안하는 것은 한 미국 변호사의 공공 무료봉사pro bono의 도움을 받은 것이다. 소수의 헌신적 자원봉사자가 놀라운 일을 성취할 수 있으며 도시들에는 태평양 섬 보전구상과 같은 실질적 단체의 육성을 후원(그리고 심지어는 설립하는 것을 지원)하고 협력 관계를 맺을 수많은 기회가 있다.

크라우드 소싱과 크라우드 펀딩의 등장은 바다와의 연계를 형성하는 데 또 다른 중요한 기회를 의미한다. 해양프로젝트로부터 수백 또는 수천 킬로미터 떨어져 사는 사람들로부터 기금을 조성하고 구할 수 있는 능력은, 멀리 떨어져 있고 비가시적인 해양생물과 장소에 대한 감정적 유대를 형성함에 있어 혁신적이고 잠재력을 가진 수단이다.

해양 보전 프로젝트를 위한 크라우드 펀딩의 사례는 존재한다. 예를 들어, 프로젝트 푸른희망Project Blue Hope은 갈라파고스의 여러 프로젝트에 기금을 댄다. 크라우드 펀딩은 또한 과학조사 탐사와 기자·사진기자의 작업을 후원하는 데 이용되어 왔다. 'Emphas.is'는 특별히 후자를 위한 사이트이다. 그 사이트의 가치를 보여주는 최근 사례로는 검은 거북의 성공적 보전을 알리기 위한 사진 여행 기금조성이 있다. 크라우드 펀딩을 받는 프로젝트에 기여하고자 하는 충동은 매우 흥미로운데 우리가 투자하거나 구매하는 통상적 방식과는 매우 다르다. 그것은 정말 무언가 호소한다. 도시성과 바다·해양프로젝트를 연계하는 하나의 수단으로서 특별한 약속을 가질 수 있다는 흥미.

결론

도시는 해양 보전·보호를 지원하는 방법에 대해 훨씬 더 창조적으로 사고하는 일을 시작해야만 한다. 지자체 후원의 조사·탐사를 지원하기 위한 해양 자매도시를 결성하는 것으로부터 시작하여 도시는 도시적 삶과 해양적 삶 사이에 존재하는 물리적·(궁극적인) 감정적 격차를 극복하는 것을 주도할 수 있다. 도시는 해양에 대한 위협과 조건을 가시화함에 있어 지도력을 발휘할 수 있고, 발휘해야만 한다. 그리고 도시가 해양을 보호하고 보전하는 것을 도울 수 있는 수많은 방식을 보여줄 수 있고 보여주어야만 한다.

이 장의 이야기들이 보여주는 것처럼 도시민이 해양환경의 복원과 과학에 직접 참여할 수 있는 수많은 방식이 있다. 직업훈련 비용에 상응하는 동등한 시간의 자원봉사를 하는 해변파수꾼_{Beach Watchers}으로부터 스쿠버 다이빙에 대한 보다 특별하고 고도의 중요한 기술을 활용하는 방식을 찾는 것에 이르기까지, 기여할 수 있는 방법은 너무 많다. 이는 크고 작은 방식으로 해양세계에 대한 지식을 진일보시킴과 동시에 해양세계의 재생에 기여하는 매우 가치 있는 기회이다. 이러한 프로그램들은 또한 해양·해양생물과 보다 깊고도 친밀하게 연계되는 탁월한 기회이기도 하다. 그리고 종종 도시 주민은 독특한 방식으로 참여하고 있으며 기여할 수도 있다. 높은 곳에 있는 콘도 발코니로부터 참고래를 추적·관찰하는 퇴직자이든 우연히 마주친 특이한 해양생물의 사진을 업로드할 태세를 갖춘 채 스마트폰을 손에 들고 있는 해변정화활동가_{beachcombers}이든 차별점을 만들어 낼 준비가 되어 있는 도시 군단이 있다.

그리고 우리는 푸른 집이라는 구상처럼 주택소유권과 해양시민권을 연계하는 것을 통해 보다 창조적인 방식으로 바다와의 연계를 조성할 준비를 해야 한다. 또한 해양 보전에 대한 흥미와 기금조성을 유발하는 소셜미디어와 디지털 기술의 새로운 수단을 활용할 준비가 되어 있어야 한다.

제8장

블루 어반의
미래를 구축하자

우리의 바다는 곤경에 처해 있다. 이는 대부분 직접적·간접적으로 도시와 관련된 오염·소비압력·서식지 파괴 때문이다. 현재 우리는 세계 도시 세대이고, 푸른 행성의 도시화율은 앞으로도 더 놀랍게 증가하리라 예견되고 있기 때문에(2050년까지 세계 인구의 거의 70%가 살게 될 것 같다[1]) 도시의 역할을 재고하고 어떻게 하면 실행 가능하면서 설득력 있는 미래의 모습이 도시와 이 푸른 행성을 융합할 수 있을까를 이해하는 일을 시작하는 것은 시의적절한 일이다.

도시는 이러한 도전을 수행하기 위해 설계·건설되어야 할 인간의 발명품이다-여기에는 인간의 에너지·창조성, 기술적·과학적 진보, 그리고 우리가 당면한 문제들을 해결하는 데 필요한 창의력이 있다. 그리고 게다가 도시는 해양과 바다의 건강을 향해 그들이 지닌 경제력과 부의 조그마한 비율이라도 공유하고 항해하는 것을 통해 변화를 이끌 수 있는 큰 잠재성을 지닌 경제적 엔진이기도 하다.

나는 도시를 이해하는 새로운 방식으로서 '블루 어바니즘'이라는 개

넘을 제안해왔다. 그리고 도시와 도시 시민들이 우리의 해양 보전에 대한 도전에 응전함에 있어 주도적 역할을 시작해야 한다고 제안해왔다. 도시들, 특히 해안 도시들은 행동을 취하고, 또 다른 미래를 상상하고 해양 보전 의제를 위해 그들의 엄청난 정치력과 경제력을 지원해야 할 의무와 기회를 가지고 있다.

아마도 가장 큰 도전은 수단이나 기술을 찾아내는 일이 아니라 윤리적 동기부여를 발견하는 일이다. 물론 (실제로, 부인할 수 없는) 강력한 자기 이해의 동기가 있을 수 있는데 이는 말 그대로 모든 것-모든 인간, 모든 식물, 우리가 차지하거나 소유하고 있는 모든 땅 조각-이 해양건강과 긴밀하게 연계되고 영향을 받는다는 사실이다. 우리는 인간의 자기 이해를 넘어 확장될 수 있는 윤리적·도덕적 렌즈를 상상하는 것이 필요하다: 해양에 사는 유기체와 생명의 웰빙과 이해를 요약할 수 있는 것, 그곳의 놀라운 복잡성과 신비, 이 광대한 해양세계의 가치를 떨어뜨리고 오염시키고 훼손하는 것은 어떤 수준에서도 용납할 수 없다는 인식.

그렇다 하더라도 도시성이 많고 다양한 바다·해양의 종을 돌보고 싶어 하고, 더 많이 배우기를 원하고, 흥미를 느낄 것이라고 나는 낙관한다. 게다가 바다와의 감정적 연결의 단초를 구축하는 일은 돌고래·고래와 같이 보다 큰 해양생명체에 대한 흥미를 활용하는 것이 필요한 것처럼 보인다. 인류가 카리스마를 가진 거대동물에 대해 보다 우호적인 편향이 있다는 것은 환경론자와 환경윤리학자 사이에서는 상식적 이해이다-어떤 이는 이러한 현상을 '포옹력' 지수가 더 높은 종에 대해 가진 타고난 끌림으로 묘사해 왔다. 그러나 웰링턴의 디스커버리센터와 같은 장소에서 보이는 아이들의 열광은 사람들이 여타 덜 '사랑스러운' 종과 바다 스타에 대해서도 흥분할 수 있음을 시사한다. 우리에게는 여타 다른 형태의 생명체와 연결되려는 지대한 욕구와 욕망이 있으며 우리 바다는 어마어마한 경이와 마법의 창고이다.

도시성을 말 그대로, 그리고 감정적으로도 해양과 연계하기 위해서는 어느 정도의 도움이 필요할 것이며 현재 이러한 연계를 형성하기 위한 많은 인상적 노력이 있고 이 중 많은 부분이 이 책에 씌어 있다.

일종의 '해양일깨우기ocean nudging' 즉 우리가 어디에서든지 할 수 있는, 특히 고래관찰, 해변정화, 스노클링과 같은 활동에 도시성을 유도·유인하기 위한 노력의 가치는 명확하다. 창조적 시민과학은 또 다른 방식이다. 이는 시민을 해양환경 복원과 보호에 직접 참여시키려는 노력이다.

그리고 아마도 우리는 몇몇 보다 크고, 보다 가시적인 매력적 해양 종과의 감정적 유대 형성과 접촉이 필요한 단계임을 수용한다. 나는 바다거북이 인류에게 끼치는 그 매혹적 효과를 직접 목도한 적이 있다. 그렇게나 작고도 허술한 소포인 양 삶을 시작하여 장수하는 생명체로 나아가는 바다거북의 모습은 여전히 많은 이에게 신비함으로 남아있다. 아마도 우리의 심금을 울리는 것은 그들의 생존이 불가능할 것 같다는 사실이다-아마도 갓 부화한 만 마리 중에 한 마리만이 실제로 성체시기까지 살아남을 것이라는 사실.

바다거북 재활센터는 상대적으로 적은 예산으로도 효율적으로 운영될 수 있다. 그리고 블루 어반 도시야말로 이러한 종류의 활동을 지원하는 중요한 자원을 제공하는 도시라는 훌륭한 사례가 생겨나야 한다. 이런 시설의 한 사례가 지킬섬Jekyll Island에 있는 조지아 바다거북센터이다. 그것은 도심에 있지는 않지만 사바나Savannah와 애틀랜타의 도시로부터 몇 시간 운전 거리 이내에 있다. 이 시설은 바다거북을 가까이에서 볼 수 있으며 바다거북과 그들의 곤경을 연결할 수 있는 흔치 않은 기회를 제공한다. 게다가 거기에는 주요한 교육적 공간에 큰 창을 설치하였는데 이를 통해 방문자는 수술을 포함하여 바다거북의 치료과정에서 벌

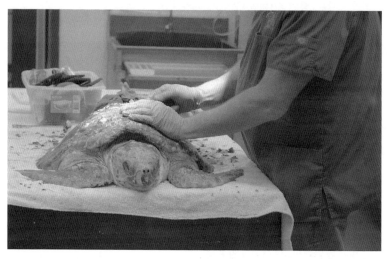

그림 8-1. 바다거북 한 마리가 지킬섬의 조지아 바다거북센터에서 검사를 받고 있다.(사진 제공: 저자)

어지는 일을 지켜볼 수 있다. 나의 가족은, 수습 수의사가 늙은 붉은바다거북으로부터 껍데기 같은 물질을 정성스럽게 떼어낼 때, 매혹과 관심이 뒤섞인 채 이를 지켜보았다.

내 아이들은 특히 케이씨Kathy라고 이름 붙인 어린 붉은바다거북에 매료되었다. 이 거북은 부화될 때 달랑게ghost crab의 손아귀로부터 구조되어 이제는 센터의 탱크 속에서 떠다니고 수영(그리고 자라난다는 것을)하고 있는 자신을 발견했다. 그녀는 아마도 가장 어린 환자였지만 다양한 크기의 바다거북이 회복하고 있는 탱크의 전체 구조물 속에 있기에 결코 혼자는 아니었다. 50달러를 기부하면, 센터의 거북 '부모' 중 하나를 '입양'하는 것이 가능하다. 이는 보호와 관계를 형성하는 또 다른 기회를 제공한다. 센터의 '바다거북 한 마리 입양하기Adopt-a-Sea Turtle' 프로그램과 같은 노력은 직접적인 감정적 보살핌과 감각을 형성하는 것을 도와준다. 여기에는 어떤 차별점을 형성할 수 있는 즉각적으로 만질 수 있는 사물이 있기 때문이다.

또한 나는 네덜란드 피터버렌Pieterburren의 레니 하트Lenie'T Hart가 1971년 시작한 바다표범구조·재활센터Zeehonden Crèche를 방문했던 몇 년 전 경험을 떠올렸다. 네덜란드 북부에 위치한 이 센터는 거기에 사는 두 종류의 바다표범Phoca vitulina와 Halichoerus grypus을 구조하고 돌보는 일을 한다. 거북병원과 마찬가지로 사람들은 치료와 회복을 볼 수 있고 센터는 바다거북과 그들의 생물학 그리고 바덴해Wadden Sea의 생태계에 대한 교육을 제공한다. 여기서 가장 중요한 요소일 수 있는 것은 이러한 (카리스마가 있다고 인정되는) 생물과의 본능적인 감정적 연계이다. 그 센터는 가기 쉽지만은 않은 곳임에도 불구하고 매년 15만의 방문객을 유치한다.[2]

말 그대로 육지와 해양의 환경을 연계하는 유기체를 보다 잘 활용하고 지렛대로 삼을 수 있는 수많은 기회들이 있다. 그 과정에서 이러한 유기체는 인간을 해양과 연결하는 잠재력을 지니고 있다. 북서부 태평양의 주민은 봄과 여름에 알을 낳으러 오는 연어-민물에서 태어나서 생의 대부분을 해양에서 살아가다가 다시 재생산을 위해서 민물로 돌아오는 회귀성 종-를 기념한다. 이는 놀라운 여행이자 생애주기이다. 이들은 두 개의 세계가 긴밀히 연계되어 있고 특히 이 종의 사례에서는 그러하다는 사실을 알려주고 일깨워주는 일종의 해양 주민의 퍼레이드를 도시민에게 매년 제공한다.

해양의 윤리적 지위에 있어서도 심대한 변화가 또한 필요할 것이다. 이는 특히 몇몇 보다 큰 종과 관련하여 일어나기 시작했으며 이미 상당한 정도의 지각과 지능이 있다고 이해되고 있는 해양포유류에게서 특히 그러하다. 몇몇 해양 종 특히 고래류에 권리를 확장하고자 하는 최근의 노력은 해양공동체의 적어도 몇몇 성원에게는 도덕적 지위 향상이 있음을 보여주는 증거이다(글 상자 8-1을 보라).

2013년 5월 인도환경산림부Indian Ministry of Environment and Forests는 쇼와 동물원에서 돌고래를 감금하는 일을 근본적으로 금지하는 행정지침을 공표하였다. 이는 우리의 사고에 잠재적 변화가 있음을 나타내는 놀라운 지표이다. 이 금지에 대한 환경산림부의 설명은 돌고래의 도덕적 지위와

모든 사람의 동등한 대우라는 원칙에 기초하여;

과학적 연구가 고래목의 마음, 사회, 문화의 복잡함에 대한 깊은 통찰을 우리에게 주고 있음을 인지하고 국제법의 진보적 발전이 고래목에 의한 생명권을 선언하고 있음을 주목하여; 우리는 모든 고래목은 사람으로서 생명, 자유, 그리고 웰빙에 대한 권리가 있음을 확언한다. 우리는 다음과 같이 결론짓는다:

1. 모든 개별 고래목은 생명권을 가진다.
2. 어떤 고래목도 억류되거나 노예 상태에 있을 수 없다; 잔인한 처우에 종속될 수 없다; 또는 자연환경을 박탈당할 수 없다.
3. 모든 고래목은 그들 자연환경 내에서 이동과 거주의 자유를 가지고 있다.
4. 어떤 고래목도 특정 국가, 기업, 인간 단체나 개인의 소유물일 수 없다.
5. 고래목은 그들 자연환경을 보호받을 권리가 있다.
6. 고래목은 그들 문화를 침해받지 않을 권리가 있다.
7. 이 선언에 발표된 권리, 자유, 규범들은 국제법과 국내법 하에 보호되어야만 한다.
8. 고래목은 이러한 권리, 자유, 그리고 규범들이 온전히 실현될 수 있는 국제적 질서를 부여받는다.
9. 어떤 국가, 기업, 인간 집단 또는 개인도 이러한 권리, 자유 그리고 규범을 침해하는 어떠한 활동에 참여해서는 안된다.
10. 이 선언의 어떤 것도 국가가 고래권리의 보호를 위한 더 엄격한 조항을 제정하는 것을 막지 않을지어다.

2010년 5월 핀란드, 헬싱키에서 합의함.

출처: The Helsinki Group, http://www.cetaceanrights.org.

권리에 대한 용어로 표현되었다. 이 정책은 "돌고래는 '비-인간종인 인격체'로 간주되어야 하며 따라서 그들 고유의 특정한 권리를 가지고 있는 것으로 파악되어야 한다. 그래서 오락적 목적을 위해 이들을 붙잡아 두는 일은 도덕적으로 용납될 수 없다"[3]라고 명시한다. 비록 이미 널리 알려져 있고 사랑받고 있는 해양생명체에 초점이 맞추어져 있다고 여겨지기는 하지만 이는 고무적 움직임이다.

반면 해양세계의 나머지 대다수의 도덕적 상태는 빈약하며 관심도 부족하다. 바다가 단지 위험하고 무서운 동물 종이 군집해있고 약탈할 수 있는 장소라는 통상적 인식의 변화를 위해서는 많은 것이 이루어져야 한다. 남캘리포니아의 최근 사례는 인도에서의 결정과는 대조적인 본보기이다. 2013년 7월 아웃도어 채널의 명백히 선정적인 TV쇼에서 한 출연자가 기록적 크기의 청상아리를 잡았다. 텍사스에서 온 선원들은 상어를 찾아 나섰고, 몇 시간 가량의 사투를 벌인 끝에 매우 큰 놈을 건져 올렸다(이 모든 것이, 짐작건대, 극적인 방식으로 촬영되었다). 상어를 포획한 이들 중 한 명인 제이슨 존스톤Jason Johnston의 말을 KTLA TV가 인용하였다: "믿을 수 없어요. 이 놈은 확실히 살인 기계예요," 그는 "조금만 삐끗했어도 나는 보트 밖으로 나가떨어져서 바다 밑바닥에 처박혔을 거예요."[4]

이 행사에 대한 언론의 묘사 또한 별반 나을 바 없었으며 종종 선정적이었다. 이 에피소드는 상어의 무시무시한 열린 입과 이빨에 대한 유명한 이미지와 함께 위험한 '괴물' 상어를 포획했다는 점에서 몇몇 인터넷 머리기사로 만들어졌다. 한편 상어를 풀어주어야 했었다는 전 세계의 명백한 대중적 항의는 그나마 이 에피소드의 긍정적 측면이다. 상어 청지기Shark Stewards 단체의 데이비드 맥과이어David McGuire는 몇몇 언론매체에서 다음과 같이 언급하였다: '사람들은 이러한 상어들의(이)', '피와 내장이 터져 나오는 장면을 보기'보다는 '해양에 있어 중요하고도 놀라운 동물인지 보아야 하고 그들이 얼마나 아름다운지에 대해 경탄해야만 한다.'[5]

해양의 내생적 가치와 내재적 유용성, 그리고 그것의 소중함을 인식하는 도덕적 틀을 형성하고 수천 가지 방식을 통해 해양 문화(돌봄, 존중, 그리고 장기적으로 소중히 여기는 문화)를 구축하기 시작하는 일이 하나의 도전으로 남아있다. 이는 다양한 시나리오(예를 들면 아마도 민족적·국가적 수준에서의 국가적 해안 관리 또는 연방 해안·해양 계획을 통해)를 통해 많은 가능한 방식으로 일어날 수 있다. 의미 있고 중요한 법이 이러한 수준에서 채택되어 시행되어왔거나 될 수 있다. 그러나 궁극적으로 이는 지역 수준, 도시 범위, 개인이나 가족이 활동하는 수준이어야 할 것이다. 이것이, 도시적 삶의 가치와 혜택을, 해양과 바다를 관리하는 일의 환경적 책임과 흥미에 통합하고 융합할 수 있는 새로운 형태의 어바니즘의 약속이다.

나는 이러한 새로운 도시·해양 연계와 감수성이 가능하다고 믿는다. 그리고 퍼스와 같은 도시의 이야기와 아득한 경이로움인 닝갈루 암초를 구하기 위한 이들의 노력으로부터 이러한 일이 생겨나고 있다고 믿는다; 또는 홍콩에서 일어나고 있는 '상어지느러미 자르기' 관습에 대한 반대; 또는 샌프란시스코의 비닐봉지 투기 금지와 같은 어떻게 보면 미미한 조치들, 이러한 것이 바다에 거대한 영향을 끼칠 수 있다. 블루어바니즘은 그린 어바니즘과 녹색 도시 운동의 자연스럽고도 필요한 확장이며 때가 되면 푸른 도시의 새로운 시대를 알릴 것이다.

이 책은 부분적으로는 해양과 우리의 관계를 재해석하기 위해 시작할 수 있는 많은 방식을 보여주고자 하는 노력의 일환이었다. 여기 있는 몇몇 구상은 비현실적이거나 황당해 보일 수도 있다. 해양과의 보다 직접적인 물리적·가시적 연계성을 가지고 도심 빌딩과 근린지역을 설계하거나 또는 원거리의 해양 서식지와의 자매결연 도시를 개발하는 등. 그러나 이미 크고 작은 측면에서 해양과 해양건강의 중요성을 향상하기 위한 많은 일이 일어나고 있다. 해변청소를 조직하거나 현지 학교에서 해양 생명에 대해 가르치는 프로그램을 시도하는 것은 매우 훌륭한 출발일 수 있다. 이 책에서 묘사된 이러한 도시-해양 연계를 위해 필요한 것을 육성하기 위한 기술·도구·생각의 대다수는 현실적이며 가능한 일일 뿐 아니라 많은 장소에서 이미 진행 중이다.

물론 모든 사태는 기후변화와 더불어 변할 수 있고 이러한 변화의 많은 부분이 이미 우리가 기대하는 것보다 훨씬 빨리 진행되고 있다. 뉴욕에서 로테르담, 상하이에 이르는 전 세계 해안 도시는 해안선 침식과 같은 새로운 현실에 직면할 것이며 폭풍과 홍수는 보다 빈번하고 보다 큰 피해를 줄 것이다. 해안 도시(그리고 어느 곳의 도시든)는 복원 탄력성에 힘을 쏟을 필요가 있으며 내가 제4장 · 제5장에서 제안했듯이 우리를 바다와 보다 잘 잘 연계할 수 있는 방식으로 건물과 해안가 장소를 설계할 새로운 기회가 있을 것이다.

가속화되는 해수면 상승과 극단적인 기후 이벤트의 미래는 어떻게 말하더라도 감당하기 어려운 일이다. 그러나 블루 어바니즘의 전망은 감춰진 이면을 강조한다. 인류 정신, 정치체, 그리고 문화를 해양세계에 맞추어 재정립하는 심대한 기회. 우리 바다는 하나의 행성으로서 우리가 직면하고 있는 문제와 도전의 많은 부분을 해결할 수 있는 엄청난 희망을 제공한다. 아마도 블루 에너지 · 오션 에너지는 신재생 에너지의 원천으로 재빨리 그리고 부드럽게 이동할 수 있는 최선의 희망을 제공한다. 바다에 의해 제공되는 생물학적 보고와 엄청난 통찰력 그리고 그곳에 사는 독특한 생명은 앞으로의 세대에게 필수적인 것이 될 것이다.

그리고 많은 위험과 더불어 정서적 건강과 웰빙에는 큰 혜택이 돌아올지 모른다. 영국의 새로운 연구는 해안 · 해양에의 근접성이 제공하는 원기회복의 가치와 건강 혜택을 증명하고자 한다. 연구에 따르면 당신이 해안에 가까울수록 당신은 보다 건강해질 듯하다는 것이다.[6] 해안환경은 상당한 건강적 유용성을 가지는 신체적 활동을 위해 흔치 않은 기회와 유혹을 제공한다. 해변정화에서 스쿠버 나이빙까지, 이 책에서 논의된 다수의 해양참여 활동은 신체적 운동의 가치를 산출한다. 그리고 이는 소위 '블루짐Blue Gym'을 둘러싼 이러한 작업으로부터 생겨난다. 해안 근접성이 심지어 건강에 있어 사회경제적 불평등(거의 모든 미국 도시에서 고심하고 있는 그 무언가)을 극복하는 것을 도와줄 수 있다는 것이다.[7] 게다가 해안환경의 스트레스 감소 효과는 대다수 우리에게 직관적으로 이해된다. 갈매기, 파도, 부서지는 물결과 같은 치료적 경관과 바닷물과의 촉각적 접촉과 더불어 바다·모래·돌의 시각적 아름다움을 고려해 보라. 이것들은 모두 해양에 대한 우리의 논의에서 보다 강조해야 할 명백하게 긍정적 가치이다. 이것들은 해양환경에 대한 명백하고도 부인할 수 없는 생명애적 끌림이자 우리가 하나의 해양행성 위에 있는 해양종이라는 것에 대한 증거이다.

영국 필마우스에 있는 페닌슐라 약학대학Peninsula School of Medicine in Plymouth, United Kingdom의 마이클 데플레지Michael Depledge와 그의 연구진은 또한 일련의 연구에서 응답자들이 바다를 담은 사진 이미지에 대해 보다 큰 애착과 보다 높은 선호를 나타내었으며 이러한 이미지에 대한 반응에서 높은 수준의 회복지각력을 보여준다는 것을 발견하였다.[8] 바다와 수중 이미지는 우리에게 특별한 감정적 매력과 힘을 가지고 있는 것처럼 보인다.

우리의 해양은 무한한 경탄과 경이의 보고이자 마법적 세계이다. 이 세계는 일단 우리에게 그 모습을 나타나면 우리를 엄청나게 매료시키는 동시에 인간에게 새로운 수준의 쾌락과 의미를 전달할 수 있는 거대한 가능성을 숨기고 있다. 경탄과 경이를 둘러싼 문헌들은 해양의 특별한 힘과 이러한 감정을 끌어내는 해양거주자를 보여준다. 본머스 대학Bournemouth University의 수산나 커틴Susanna Curtin은 고래 관광여행에 대해

그림 8-2. 멕시코만의 말미잘(사진 제공: Expedition to the Deep Slope 2007, NOAA—OE)

그림 8-3. 싱가포르 컨테이너 터미널을 배경으로 한 키레네 암초Cryene Reef에서의 해초 감독(사진 제공: Ria Tan, http://www.wildsingapore.com)

인류학적 분석을 적용하여 이러한 현상을 연구했다. 그리고 최종적으로 이러한 경험이 참여자에게 일종의 강력하고 깊은 긍정적 경험을 가져온다고 결론지었다.[9] 사람들은 이러한 경험을 언어로 표현하는데 있어서는 어려움을 가진다. 많은 이들에게 그러한 경험은 영적 경험과 흡사하다.

우리를 자신 너머로, 우리의 정상적 자기도취 너머로 이동시켜 우리가 더 큰 전체 중 일부라는 감각을 제공하기 때문에 이 경이와 경탄은 그렇게도 강력한 것이다. 이러한 종류의 야생 관조wildlife watching는 시간이 정지하는 듯한 느낌을 주면서 우리를 진정시킨다. 우리 자신을 넘어서서 생각하는 일, 우리 몸과 생명의 왜소함을 인식하는 일, 세계와의 깊은 상호교감에는 특별한 의미가 있다.

해양세계 그 안에 있는 그 모든 복잡성, 다양성, 미묘한 아름다움과 놀라운 생물학은 인간들에게 깊은 즐거움을 제공한다. 또한 의미 있는 삶을 달성할 수 있는 비할 바 없는 새로운 경험을 제공한다. 바다는 또한 도시민끼리 서로 연결되게 하고 블루 어바니즘으로 나아감에 있어 필수적인 보다 더 큰 세계와의 통일감을 느낄 수 있는 새로운 기회를 제공한다. 우리가 직면하고 있는 수많은 행성의 도전은 '우리가 모두 하나oneness'라는 감각을 요청한다. 그리고 이러한 것과 더불어 우리는 푸른 행성에 존재하는 혜택과 고난을 동시에 나눌 수 있다.

우리가 사는 도시와 바다는 직간접적으로 밀접하게 연계되어 있다. 세계의 모든 도시는 거리와 상관없이 해양자원으로부터 혜택을 받고 있음에도 불구하고, 최근에 방송과 신문기사 등을 통해 매년 바다에 버려지는 플라스틱 쓰레기로 인한 심각한 오염으로 인간의 생활에도 막대한 영향을 미치고 있다는 사실을 접할 수 있다. 따라서 도시에 사는 우리는 쉽게 간과되고 있는 바다와 해양생물에 대한 경각심을 가지고 지속 가능한 관계가 되도록 해양 보존·보호를 위해 훨씬 더 많은 노력을 기울여야 한다.

이 책 『블루 어바니즘Blue Urbanism』은 지금까지 착취 관계였던 도시와 해양 사이가 지속 가능한 관계가 되기 위해 서로 간에 연계를 맺을 방법에 대한 내용을 중심으로 이야기하고 있다. 저자는 이 책을 통해 해양과 연계된 도시에 산다는 것의 의미와 우리가 바다로부터 받은 혜택을 어떤 방법으로 도시 계획·관행·정책에 반영할 수 있을지 알려주고자 한다.

이 책의 제목인 『블루 어바니즘』을 번역하여 옮기는 일은 쉽지 않았다. 우선 '블루'가 표면적으로 의미하는 '푸른'보다 더 많은 의미(해양생태학적, 해양친환경적 등)를 장마다 함축적으로 내포하고 있었다. 읽는 이에게 장마다 조금씩 다른 '블루'의 문맥적인 의미를 자신의 언어로 표현하며 이 책을 읽는 소소한 즐거움을 찾았으면 한다.

이 책의 번역자들은 한국연구재단의 인문사회연구소사업의 지원을 받아 부경대학교 글로벌지역학연구소에서 "메가-지역으로서 환태평양 다중 문명의 평화적 공진화의 탐색: 지역의 통합, 국가의 상생, 도시의 환대"라는 주제를 가지고 사업을 수행하고 있다. 본 연구소에서는 앞으로도 위 아젠다와 관련한 저·역서를 출간할 예정이며, 이 책은 그 여정의 첫걸음이라고 할 수 있다. 이 책의 번역은 연구책임자를 포함한 공동연구원, 전임연구원의 공동참여로 이루어졌다. 서문, 제1장 도시와 해양의 연계성과 제3장 도시의 어류 섭취자를 지속적으로 만족시키기 위하여는 전지영, 제2장 도시의 범위: 도시 생활방식과 해양건강의 연계와 제4장 푸른 행성을 위한 도시 디자인은 백두주, 제5장 블루 시티의 토지 이용과 공원을 다시 상상하자와 제6장 도시 거주자를 해양 생활에 참여시키자는 정호윤, 제7장 해양과 도시 연계를 위한 새로운 구상과 제8장 블루 어반의 미래를 구축하자는 현민이 각각 번역하였으며, 마지막으로 책 전체는 글로벌지역학연구소장 박상현이 감수하였다. 또한 이 책이 번역될 수 있도록 수고해 주신 부경대학교 대학원 글로벌지역학과 석사과정 김은주, 김소현 학생과 한국학술정보에도 감사드린다.

마지막으로 이 책이 도시와 바다의 연계성을 보다 의식적으로 사려 깊은 통합을 장려할 수 있도록 현대 도시를 디자인하고 계획하는 방법의 상상력을 발휘할 수 있는 실용적인 안내서로 활용될 수 있기를 기대한다.

2021년 8월
역자를 대표하여
전지영

한국어판 서문

1. Timothy Beatley, *Blue Biophilic Cities*, Palgrave, 2018; 제 6장 참조, "*Just Blue (and Biophilic) Cities.*"
2. 다큐멘터리 영화 'Ocean Cities'에서 발췌한 니콜스 (J. Nichols)와 dml 인터뷰, 참조: https://www.youtube.com/watch?v=7gfTeMej71g
3. Wallace Stegner, *The Sound of Mountain Water*, Doubleday, 1969, p.38.
4. E.O. WIlson, *Half−Earth: Our Planet' s Fight for LIfe*, Liveright, 2017 참조.
5. Mary Oliver, *Upstream: Selected Essays*, Penguin, 2016.
6. Ocean Cities"의 트레일러 참조: https://www.youtube.com/watch?v=7gfTeMej71g

머리말

1. Sylvia A. Earle, The World Is Blue: How Our Fate and the Oceans Are One (Washington, DC: National Geographic Society, 2009); Jeremy Jackson et al., Shifting Baselines: The Past and the Future of Ocean Fisheries (Washington, DC: Island Press, 2011); and Daniel Pauly, 5 Easy Pieces: The Impact of Fisheries on Marine Ecosystems (The State of the World's Oceans) (Washington, DC: Island Press, 2010).
2. The Death of the Oceans, http://topdocumentaryfilms.com/death−oceans;

and the Jeremy Jackson evening lecture "Ocean Apocalypse," http://www.
youtube.com/watch?v=2zMN3dTvrwY.

3. Timothy Beatley, Green Urbanism: Learning from European Cities
(Washington, DC: Island Press, 2000).

4. Timothy Beatley, Biophilic Cities: Integrating Nature into Urban Design and
Planning (Washington, DC: Island Press, 2011).

5. Joanna Chiu, "Runners Take Their Case for Shark Fin Ban to Hong Kong's
Big Marathon," South China Morning Post, February 4, 2013.

제1장 도시와 해양의 연계성

1. Sylvia Earle, The World Is Blue: How Our Fate and the Ocean's Are One
(Washington, DC: National Geographic, 2009), 11.

2. Earle, The World Is Blue, 11.

3. Dorothée Herr and Grant R. Galland, The Ocean and Climate Change:
Tools and Guidelines for Action (Gland, Switzerland: IUCN, 2009), http://
cmsdata.iucn.org/downloads/the_ocean_and_climate_change.pdf.

4. Herr and Galland, The Ocean and Climate Change, 12.

5. Ocean AcidificationNetwork, "How Will Ocean Acidification Affect Marine
Life?," http://www.ocean-acidification.net/FAQeco.html#HowEco.

6. "Progress Report: Seven US Offshore Wind Demonstration Projects," http://
www.renewableenergyworld.com/rea/news/article/2013/04/progress-report-
seven-us-offshore-wind-demonstration-projects.

7. Jason Dearen, "San Francisco Bay Whales: Feds to Reroute Ships for Marine Protection," Huff Post: San Francisco, July 13, 2012, http://www.huffingtonpost.com/2012/07/14/san-francisco-bay-whales-_n_1673663.html.

8. Peter Fimrite, "Ships in Blue Whales' Feeding Grounds Pose Threat," San Francisco Chronicle, September 6, 2011, http://www.sfgate.com/outdoors/article/Ships-in-blue-whales-feeding-grouds-pose-threat-2310930.php.

9. WWF, Living Planet Report 2012, 84, http://wwf.panda.org/about_our_earth/all_publications/living_planet_report/2012_lpr.

10. "Plastics and Chemicals They Absorb Pose a Double Threat to MarineLife," UC Davis News and Information, January 15, 2012, http://news.ucdavis.edu/search/news_detail.lasso?id=10453.

11. "UNEP Studies Show Rising Mercury Emissions in Developing Countries," UNEP News Centre, January 9, 2013, http://www.unep.org/newscentre/Default.aspx?DocumentID=2702&ArticleID=9366.

12. Quirin Schiermeier, "Marine Dead Zones Set to Expand Rapidly," Nature, November 14, 2008, http://www.nature.com/news/2008/081114/full/news.2008.1230.html.

13. IUCN, Executive Summary: The Ocean and Climate Change: Tools and Guidelines for Action, http://cmbc.ucsd.edu/Research/publications/The%20Ocean%20and%20Climate%20Change_Executive%20Summary.pdf.

14. Global Partnership for Oceans, "Oceans: Our Living Resource" (infographic), http://www.globalpartnershipforoceans.org/oceans-our-living-resource-

infographic.

15. NOAA's State of the Coast, "Coral Reef Biodiversity Benefits to Human Health," http://stateofthecoast.noaa.gov/coral/coral_humanhealth.html.

16. "Oceanic Biomimicry: 13 Designs Inspired by the Sea," WebEcoist, http://webecoist.momtastic.com/2010/12/17/oceanic-biomimicry-13-designs-inspired-by-the-sea.

17. 잠재적인 응용 프로그램(지원신청서, 적용, 응용)은 많다: '다용도의 기동성이 높은 광선 설계로 인해, 이 설계를 기반으로 하는 수중 자율 차량은 비밀스러운 감시에서 과학자를 위한 데이터의 장기 수집에 이르는 잠재적인 산업 및 군사 응용 분야를 가질 수 있다.'
Shane Graber, "Ray-Inspired Underwater Robot Takes Flight at the University of Virginia," Advanced Aquarist, July 31, 2012, http://www.advancedaquarist.com/blog/ray-inspired-underwater-robot-takes-flight-at-the-university-of-virginia-video.

18. Skip Derra, "Researchers Find Photosynthesis Deep within Ocean," Arizona State University, June 25, 2005, http://www.asu.edu/feature/includes/summer05/readmore/photosyn.html.

19. Caribbean Tourism Organization, "Diving," http://www.onecaribbean.org/content/files/DivingCaribbeanNicheMarkets.pdf.

20. Florida Caribbean Cruise Association, "Cruise Industry Overview—2013," http://www.f-cca.com/downloads/2013-cruise-industry-overview.pdf.

21. A. M. Cisneros-Montemayor, U. R. Sumaila, K. Kaschner, and D. Pauly, "The Global Potential for Whale Watching," Marine Policy (2010), http://

www.seaaroundus.org/researcher/dpauly/PDF/2010/JournalArticles/
GlobalPotentialForWhaleWatching.pdf.

22. Nancy Knowlton, Citizens of the Sea: Wondrous Creatures from the Censusof Marine Life (Washington, DC: National Geographic Society, 2010).

23. See Bruce H. Robison, "Conservation of Deep Pelagic Biodiversity," Conservation Biology 23, no. 4 (2009): 847–58.

24. Robison quoted in Monterey Bay Aquarium Research Institute, "Understanding Human Threats to the Earth's Largest Habitat—the Deep Sea," press release, January 26, 2010, http://www.mbari.org/news/news_releases/2010/deep-conservation/deep-conservation-release.html.

제2장 도시의 범위: 도시 생활양식과 해양건강의 연계

1. The Clean Oceans Project, "Plastic to Fuel," http://thecleanoceans project.com/?page_id=11.

2. Rebecca Boyle, "Plastic-Eating Underwater Drone Could Swallow the Great Pacific Garbage Patch," Popular Science, http://www.popsci.com/technology/article/2012-07/plastic-eating-underwater-drone-could-swallow-great-pacific-garbage-patch.

3. Ralph Schneider, "Marine Litter Harvesting project," http://www.scribd.com/doc/84976224/Marine-Litter-Harvesting-project-Floating-Horizon

4. "Report: Seismic Research on East Coast Could Harm 140,000 Whales and

Dolphins," April 16, 2013, http://fuelfix.com/blog/2013/04/16/report-seismic-research-on-east-coast-could-harm-140000-whales-dolphins.

5. American Public Health Association, The Hidden Health Costs of Transportation, February 2010, http://www.apha.org/NR/rdonlyres/E71B4070-9B9D-4EE1-8F43-349D21414962/0/FINALHiddenHealthCostsShortNewBackCover.pdf.

Peter Newman and Anna Matan, "Human Mobility and Human Health," Current Opinion in Environmental Sustainability 4, no. 4 (October 2012): 420-26.

6. Meridian, "West Wind: Wind Farm, Wellington, New Zealand," http://www.meridianenergy.co.nz/about-us/generating-energy/wind/west-wind.

7. DONG Energy, "About Gunfleet Sands," http://www.dongenergy.com/Gunfleetsands/GunfleetSands/AboutGFS/Pages/default.aspx.

8. See DeepCwind Consortium, http://www.deepcwind.org.

9. Celine Rottier, "Floating Offshore Wind Energy: Possibility or Pipedream?" The Energy Collective, January 25, 2013, http://theenergycollective.com/celinerottier/176686/floating-offshore-wind-energy-possibility-or-pipedream.

10. Ocean Power Technologies, "Mark 3 PowerBuoy," http://www.oceanpowertechnologies.com/mark3.html.

11. Ocean Power Technologies, "Reedsport OPT Wave Park," http://www.oceanpowertechnologies.com/oregon.html.

12. Damian Carrington, "Seaweed Biofuels: A Green Alternative That Might

Just Save the Planet," Guardian, July 1, 2013, http://m.guardiannews. com/environment/2013/jul/01/seaweed-biofuel-alternative-energy-kelp-scotland?CMP=twt_fd. See also Scottish Association of Marine Science(SAMS), "Macroalgae for Biofuels," http://www.sams.ac.uk/marine-bioenergy-scotland/macroalgae-for-biofuels.

13. "Small-Scale Hydro Delivers Local Benefits," E&T Magazine, January 17, 2011, http://eandt.theiet.org/magazine/2011/01/small-hydro.cfm.

14. Beth Buczynski, "Seawater Saves Swedish Data Center a Cool Million," EarthTechling, June 10, 2013, http://www.earthtechling.com/2013/06/seawater-saves-swedish-data-center-a-cool-million.

15. Vision Project Inc./James Castonguay, "International Shipping: Globalization in Crisis," Witness: An Online Journal, http://www.visionproject.org/staging/images/img_magazine/pdfs/international_shipping.pdf.

16. International Chamber of Shipping, "Shipping and World Trade," http://www.ics-shipping.org/shipping-facts/shipping-and-world-trade; the World Shipping Council, http://www.worldshipping.org.

17. Maersk, "Introducing the Triple-E," http://www.worldslargestship.com/the-ship/#page/economy-of-scale.

18. John Vidal, "Maritime Countries Agree First Ever Shipping Emissions Regulation," Guardian, July 18, 2011, http://www.guardian.co.uk/environment/2011/jul/18/maritime-countries-shipping-emissionsregulation.

19. "Compared to industry average on the Asia-Europe trade"; Maersk, "The Ship: Environment," http://www.worldslargestship.com/the-ship/#page/

environment/the-right-mix.

20. Maersk, "A Recyclable Ship," http://www.worldslargestship.com/the-ship/#page/environment/a-recyclable-ship. A brief video about the recycling design and the "cradle to cradle passport" prepared for the ship can also be found here.

21. John Vidal, "Cargo Boat and US Navy Ship Powered by Algal Oil in Marine Fuel Trials," Guardian.com, January 13, 2012, http://m.guardiannews.com/environment/2012/jan/13/maersk-cargo-boat-algal-oil.

22. Universitat Bonn, "Bionic Coating Helps Ships to Economise on Fuel," http://www3.uni-bonn.de/Press-releases/bionic-coating-helps-ships-to-economise-on-fuel.

23. Melissa Mahony, "Bionic Cargo Ships: Riding Waves to BetterFuel Efficiency," SmartPlanet, May 6, 2010, http://www.smartplanet.com/blog/intelligent-energy/bionic-cargo-ships-riding-waves-to-better-fuel-efficiency.

24. John J. Geoghegan, "Designers Set Sail, Turning to Wind to Help Power Cargo Ships," New York Times, August 27, 2012, http://www.nytimes.com/2012/08/28/science/earth/cargo-ship-designers-turn-to-wind-to-cut-cost-and-emissions.html?_r=0.

25. "The Greenheart Project," http://www.greenheartproject.org/en/project.html.

26. Port of Long Beach, "Green Port Policy," http://www.polb.com/environment/green_port_policy.

27. Port of Long Beach, "Air Quality," http://www.polb.com/environment/air/default.asp.

28. Port of Long Beach, "Clean Trucks," http://www.polb.com/environment/cleantrucks/default.asp.

29. Shepherd, "Sea Shepherd Receives Honors from Western Australia," July 11, 2006, http://www.seashepherd.org/news-and-media/2008/11/03/sea-shepherd-receives-honors-from-western-australia-799.

30. Chicago Park District, "31st St. Harbor Wins ISS Fabien Cousteau Blue Award," November 17, 2012, http://www.chicagoparkdistrict.com/31st-st-harbor-wins-iss-fabien-cousteau-blue-award.

31. Susan Parks and Christopher Clark, "Acoustic Communication: Social Sounds and the Potential Impact of Noise," in Scott Kraus and Rosalind Rolland, eds., The Urban Whale: North Atlantic Right Whales at the Crossroads (Cambridge, MA: Harvard University Press, 2007), 310–32.

32. Rosalind M. Rolland et al., "Evidence That Ship Noise Increases Stress in Right Whales," Proceedings of the Royal Society B, February 8, 2012, http://rspb.royalsocietypublishing.org/content/early/2012/02/01/rspb.2011.2429.full.

제3장 도시의 어류 섭취자를 지속적으로 만족시키기 위하여

1. "Oceans: Source of Food, Energy and Materials," WWF Living Planet Report, 2012.

2. Ocean Conservancy, "Right from the Start: Open-Ocean Aquaculture in the United States," http://www.oceanconservancy.org/our-work/aquaculture/right-from-the-start.pdf.

3. Marine Stewardship Council, "MSC Principles and Criteria for Sustainable Fishing," http://www.msc.org/documents/email/msc-principles-criteria.

4. Marine Stewardship Council, "MSC in Numbers," http://www.msc.org/business-support/key-facts-about-msc.

5. Kenneth R. Weiss, "McDonald's Fast-Food Fish Gets Eco-label as Sustainable," Los Angeles Times, January 24, 2013, http://articles.latimes.com/2013/jan/24/science/la-sci-sn-mcdonalds-fastfood-fish-gets-ecolabel-as-sustainable-20130124.

6. Weiss, "McDonald's Fast-Food Fish Gets Eco-label as Sustainable."

7. Aburto-Oropeza et al., "Large Recovery of Fish Biomass in a NoTake Marine Reserve," PLoS ONE 6, no. 8 (2011), http://www.plosone.org/article/info:doi/10.1371/journal.pone.0023601.

8. L. Pichegru et al., "Marine No-Take Zone Rapidly Benefits Endangered Penguin," Biology Letters (2010), http://rsbl.royalsocietypublishing.org/content/6/4/498.

9. WWF, "Marine Protected Areas," http://www.wwf.org.hk/en/whatwedo/conservation/marine/protectedareas.

10. Hawaii Division of Aquatic Resources, "Marine Life Conservation Districts," http://hawaii.gov/dlnr/dar/mlcd_hanauma.html.

제4장 푸른 행성을 위한 도시 디자인

1. "Wavedeck Curves, Dips on Waterfront," National Post, June 4, 2009, http://www.canada.com/story_print.html?id=87d186b8-eedb-4078-a3ba-61c8153e524b&sponsor=.

2. Aquatic Habitat Toronto, http://aquatichabitat.ca/wp.

3. New York City Department of Planning, "Mayor Bloomberg and Speaker Quinn Unveil Comprehensive Plan for New York City's Waterfronts and Waterways," press release, March 14, 2011, http://www.nyc.gov/html/dcp/html/about/pr031411.shtml.

4. New York City Department of City Planning, Vision 2020: New York City Comprehensive Waterfront Plan, March 2011, http://www.nyc.gov/html/dcp/html/cwp/index.shtml.

5. New York City Global Partners, "Best Practice: Waterfront Area Zoning," http://www.nyc.gov/html/unccp/gprb/downloads/pdf/NYC_Planning_WaterfrontZoning.pdf.

6. Port of Rotterdam, "Space for the Future," http://www.maasvlakte2.com/en/index.

7. Port of Rotterdam Authority, Project Organization Maasvlakte, The Sustainable Port, May 2008, https://www.maasvlakte2.com/uploads/maasvlakte_2_the_sustainable_port.pdf.

8. City of Oslo, Fjord City Plan, Department of Urban Development, Oslo Waterfront Planning Office, Agency for Planning (n.d.).

9. City of Oslo, Fjord City Plan, 2.

10. Jon Otterveck, ed., Oslo Opera House (Opera Forlag, n.d.), 46.

11. "Ithaa Undersea Restaurant," http://conradhotels3.hilton.com/en/ hotels/maldives/conrad-maldives-rangali-island-MLEHICI/amenities/ restaurants_ithaa_undersea_restaurant.html.

12. http://www.yesemails.com/waterstuff/underwaterrestaurant.

13. "The Breathtaking Poseidon Undersea Resort in Fiji," http://luxatic.com/ the-breathtaking-poseidon-undersea-resort-in-fiji.

14. Nicolai Ouroussoff, "Imagining a More Watery New York," New York Times, March 25, 2010, http://www.nytimes.com/2010/03/26/arts/ design/26rising.html; Thomas de Monchaux, "Save New York by MakingIt 'Soft,'" January 15, 2013, New Yorker Culture Desk, http://www.newyorker. com/online/blogs/culture/2013/01/how-to-protect-new-york-from- rising-waters-with-soft-infrastructure.html#slide_ss_0=1.

15. NYC Environmental Protection, "Blue Roof and Green Roof," http://www. nyc.gov/html/dep/html/stormwater/green_pilot_project_ps118.shtml.

16. Some fourteen schools constructed by the NYC School Construction Authority include blue roof designs. NYC Environmental Protection, "Rooftop Detention," http://www.nyc.gov/html/dep/pdf/rooftop_ detention.pdf.

17. Emily Wax, "In Flood-Prone Bangladesh, a Future That Floats," Washington Post, September 27, 2007, http://www.washingtonpost.com/wp-dyn/ content/article/2007/09/26/AR2007092602582.html.

18. Cliff Kuang, "Floating Schools Designed to Fight Floods in Bangladesh,"

Fast Company Co.Design, December 7, 2012, http://www.fastcodesign.
com/1671401/floating-schools-designed-to-fight-floods-in-bangladesh.
Shidhulai, http://www.shidhulai.org.

19. E.g., Derek Mead, "Recycled Island Is Hawaii on Floating Trash,"
    Motherboard, October 26, 2011, http://motherboard.vice.com/blog/
    recycled-island-is-hawaii-on-floating-trash.

20. Zhongjie Lin, Kenzo Tange and the Metabolist Movement: Urban Utopias
    of Modern Japan (New York: Routledge, 2010).

21. Neil Chambers, "Re-imagining Infrastructure," http://livabilitylaw.com/
    archives/7143.

제5장 푸른 도시의 토지 이용과 공원을 다시 상상하자

1. NYC Environmental Protection, "The Staten Island Bluebelt: A Natural
   Solution to Stormwater Management," http://www.nyc.gov/html/dep/html/
   dep_projects/bluebelt.shtml.

2. NYC Environmental Protection, "The Staten Island Bluebelt."

3. NYC Environmental Protection, "The Staten Island Blue Belt."

4. Laguna Bluebelt Coalition, http://lagunabluebelt.org.

5. E.g., see Seattle Parks and Recreation, "City Park Marine Reserves Rule,"
   http://www.seattle.gov/parks/Publications/MarineReserveRule.htm.

6. Hudson River Park, http://www.hudsonriverpark.org.

7. "Biophilic Wellington" (video), http://www.youtube.com/watch?v=4—

BmwhdpLo.

8. Quoted in New York City Department of Planning, "Mayor Bloomberg and Speaker Quinn Unveil Comprehensive Plan for New York City's Waterfrontsand Waterways," press release, March 14, 2011, http://www.nyc.gov/html/dcp/html/about/pr031411.shtml.

9. Milwaukee Riverkeeper, "Milwaukee Urban River Trail," http://www.mkeriverkeeper.org/content/milwaukee-urban-water-trail.

10. 롱아일랜드 시티 커뮤니티 보트하우스(Long Island City Community Boathouse)와 노스 브루클린 보트클럽(North Brooklyn Boat Club)과 같은 비영리단체가 점점 증가하고 있다.

11. Cape Cod Commission, Cape Cod Ocean Management Plan, Barnstable, Massachusetts, October 13, 2011.

제6장 도시 거주자를 해양 생활에 참여시키자

1. 고래 꼬리 조각상은 샬롯스빌의 그린브리어 지역에 있는 250 바이패스 도로와 대어리 스트릿 브릿지에서 몇 미터 떨어진 곳에 위치하고 있다.

2. MarineBio, "Worldwide Aquariums and Marine Life Centers," http://marinebio.org/marine-aquariums.asp.

3. National Aquarium, "Economic Impact," http://www.aqua.org/press/~/media/Files/Pressroom/National%20Aquarium_Economic%20Impact_AF.pdf.

4. "Biosphere Urban BioKit Edmonton," http://www.edmonton.ca/

environmental/documents/Edmonton_BioKitLOW.pdf.

5. Oregon Parks and Recreation Department, Whale Watching Center, "Volunteering—Whale Watching Spoken Here," http://www.oregon.gov/oprd/PARKS/WhaleWatchingCenter.

6. Ocean Discovery Institute, "Discover Ocean Leaders," http://oceandiscoveryinstitute.org/education-2/after-school-initiatives.

7. Blair and Dawn Witherington, Florida's Living Beach: A Guide for the Curious Beachcomber (Sarasota, FL: Pineapple Press, 2007), 308.

8. Deborah Sullivan Brennan, "Citizen Scientists Play Key Roles in Research," San Diego Union Tribune, December 10, 2012, http://m.utsandiego.com/news/2012/dec/10/tp-citizen-scientists-play-key-roles-in-research.

9. Auckland Shell Club, http://nz_seashells.tripod.com.

10. International Surfing Association, "Surfing Statistics," http://www.statisticbrain.com/surfing-statistics.

11. DEMA: The Diving Equipment and Marketing Association, "Fast Facts: Recreational Scuba Diving and Snorkeling," http://www.dema.org/associations/1017/files/Diving%20Fast%20Facts-2013.pdf.

12. PADI: Professional Association of Diving Instructors, "Worldwide Corporate Statistics 2013," http://www.padi.com/scuba/uploadedFiles/Scuba_—Do_not_use_this_folder_at_al/About_PADI/PADI_Statistics/2012%20WW%20Statistics.pdf

13. 오세아니아에 따르면, 2-3 천명의 승객을 태우는 선박은 하루에 천 톤의 폐기물을 생성할 수 있다. 유람선 산업은 해양오염방지협약과 같은 국제 조

약의 적용을 받고 있음에도 해양환경에 악영향을 끼치는 등 협약에 대한 노골적인 무시가 만연해 있다.

14. Ross A. Klein, "Stop Rearranging Deck Chairs: Cruise Industry Needs Big Changes," Seattle Times, April 10, 2012, http://seattletimes.com/html/travel/2017948779_webcruiseships11.html.

15. Florida-Caribbean Cruise Association, Cruise Industry Overview—2011, http://www.f-cca.com/downloads/2011-overview-book_Cruise%20Industry%20Overview%20and%20Statistics.pdf.

16. PRNewswire, "In Time for Earth Day 2012 Holland America Line Debuts 'Our Marvelous Oceans' Video Series in Partnership with Marine Conservation Institute," April 19, 2012, http://www.prnewswire.com/news-releases/in-time-for-earth-day-2012-holland-america-line-debuts-our-marvelous-oceans-video-series-in-partnership-with-marine-conservation-institute-148157305.html.

17. Conservation International, From Ship to Shore: Sustainable Stewardship in Cruise Destinations, January 1, 2005, http://www.conservation.org/global/celb/Documents/from_ship_to_shore_eng.pdf.

18. Sea-Changers, "How to Help—Cruise Passengers," http://www.sea-changers.org.uk/how-to-help/how-to-help-for-cruise-passengers.

19. "Dive into theBlu," http://theblu.com/index.html.

제7장 해양과 도시의 연계를 위한 새로운 구상

1. Timothy Beatley, Biophilic Cities: Integrating Nature into Urban Design and Planning (Washington, DC: Island Press, 2011).

2. Rebecca Sarah Koss and Jonathon Yotti Kingsley, "Volunteer Health and Emotional Wellbeing in Marine Protected Areas," Ocean and Coastal Management 53, no. 8 (August 2010): 451.

3. 코스와 킹슬리는 다음("해양보호구역에서의 자원봉사자의 건강과 감정적 웰빙", 451)과 언급한다: "빅토리아의 버섯바위해양보고구역의 친구 Friends of Mashroom Reef Marine Sanctuary의 한 성원이 지적하듯이, 지역적으로 해양보호구역에 사는 씨-서치 자원봉사자들은 지역관리 당국에 각종 사안을 보고함에 있어 실질적인 눈과 귀의 역할을 한다: '나는 그것(버섯 바위)이 이전부터 거기 있다는 것을 알고 있었고, 그것과 조금 연관이 있었어요. 나는 진짜 내가 그것의 일부이고 내가 그것에 속한다고 느꼈지요, 그리고 만일 사람들이 거기 주변을 짓밟고 다니거나 무슨 짓거리를 한다면, 사람들이 내 속을 뒤집어놓기에 나는 그런 일에 대해 화를 내기 시작해요.'"

4. Washington State University, WSU Beach Watchers, http://beach watchers. wsu.edu/regional/index.php.

5. Deborah Young, "Squiggly Baby Eels Arrive in Staten Island Waterways," Staten Island Advance, April 12, 2012, http://www.silive.com/news/index. ssf/2012/04/squiggly_baby_eels_arrive_in_s.html.

6. Heal the Bay, http://www.healthebay.org.

7. RedMaps, "Tracking Wayward Snapper (and the History of RedMap),"

http://www.redmap.org.

8. Marine Resources Council, "North Atlantic Right Whale Program," http://www.mrcirl.org/our-programs/northern-right-whale-monitoring.

9. Nicole Flotterton, "Cornell Cooperative Extension Celebrates 20 Years at Southold's Cedar Beach," Hamptons.com, July 20, 2011, http://www.hamptons.com/Community/Main-Articles/15132/Cornell-Cooperative-Extension-Celebrates-20-Years.html.

10. National Parks Board, Singapore, "About the Comprehensive Marine Biodiversity Survey," http://www.nparks.gov.sg/cms/doc/cmbs_annexa.pdf.

11. National Parks Board, Singapore, "More than 100 New Records and Discoveries of Marine Species in Singapore. More Possible Discoveries from Marine Biodiversity Expedition Now Underway at Southern Islands," http://www.nparks.gov.sg/cms/index.php?option=com_news&task=view&id=329&Itemid=247.

제8장 블루 어반의 미래를 구축하자

1. United Nations, Department of Economic and Social Affairs, Population Division, World Urbanization Prospects: The 2011 Revision, March 2012, http://esa.un.org/unpd/wup/pdf/WUP2011_Highlights.pdf.

2. Seal Rehabilitation and Research Centre, "Visitor Centre," http://www.zeehondencreche.nl/wb/pages/visitors-centre.php.

3. "India Bans Captive Dolphin Shows as 'Morally Unacceptable,'" Environment

News Service, May 20, 2013, http://ens-newswire.com/2013/05/20/india-bans-captive-dolphin-shows-as-morally-unacceptable.

4. James Nye, "Fisherman Who Caught 'Biggest Mako Shark Ever' Sparks Worldwide Anger for Failing to Release 1323lb Monster . . . These Gruesome Trophy Photos Won't Help Then," MailOnline, June 5, 2013, http://www.dailymail.co.uk/news/article-2336688/TV-crew-caught-biggest-mako-shark-sparks-outrage-animal-activists-world-upset-didnt-release-1323lb-sea-monster.html.

5. Associated Press, "Monster Mako Shark Caught off Southern California May Be a Record," New York Daily News, June 5, 2013, http://www.nydailynews.com/monster-shark-caught-california-record-article-1.1364397.

6. Benedict W. Wheeler, Mathew White, Will Stahl-Timmons, and Michael Depledge, "Does Living by the Coast Improve Health and Wellbeing?" Health and Place 18 (2012): 1198–1201.

7. Michael Depledge and William Bird, "The Blue Gym: Health and Wellbeing from Our Coasts," Marine Pollution Bulletin, 58 (2009): 947–48.

8. Mathew White et al., "Blue Space: The Importance of Water for Preference, Affect, and Restorativeness," Journal of Environmental Psychology 30 (2010): 482–93.

9. Susanna Curtin, "Wildlife Tourism: The Intangible, Psychological Benefits of Human-Wildlife Encounters," Current Issues in Tourism 12 (5–6): 451–74.

275

279

281

282

이 책은 2020년 대한민국 교육부와 한국연구재단의 지원을 받아 발간되었음
(NRF-2020S1A5C2A02093112)